道氏理论

顶级交易员深入解读

Robert Rhea／原著

魏强斌／译注

图书在版编目（CIP）数据

道氏理论：顶级交易员深入解读/魏强斌译注. —北京：经济管理出版社，2016.11
（2022.3重印）
ISBN 978-7-5096-4583-3

Ⅰ.①道… Ⅱ.①魏… Ⅲ.①股票投资—研究 Ⅳ.①F830.91

中国版本图书馆 CIP 数据核字（2016）第 204109 号

策划编辑：勇　生
责任编辑：勇　生　王　聪
责任印制：黄章平
责任校对：王淑卿

出版发行：经济管理出版社
　　　　　（北京市海淀区北蜂窝 8 号中雅大厦 A 座 11 层　100038）
网　　址：www.E-mp.com.cn
电　　话：（010）51915602
印　　刷：唐山昊达印刷有限公司
经　　销：新华书店
开　　本：787mm×1092mm/16
印　　张：14.75
字　　数：204 千字
版　　次：2016 年 11 月第 1 版　2022 年 3 月第 3 次印刷
书　　号：ISBN 978-7-5096-4583-3
定　　价：68.00 元

·版权所有　翻印必究·

凡购本社图书，如有印装错误，由本社读者服务部负责调换。
联系地址：北京阜外月坛北小街 2 号
电话：（010）68022974　　邮编：100836

译者前言

道氏理论是从经验和数据中逐步发展起来的,历经了查尔斯·H.道——汉米尔顿——雷亚三代人的努力形成了一个系统的理论框架。在刚步入股票交易这行的时候,对价值投资理论和技术分析都有广泛的涉猎,最初几年也分不清到底什么是有价值的,什么是好看不好用的。随着十几年来交易成败得失经验的累积,一个去伪存真、化繁为简的过程逐步展开,道氏理论最初几年并未得到我应有的重视,但是随着资金规模的扩大和分析交易水平的提高,我越发重视道氏理论提出的一些理念。

投机市场上几年就要换一批"当家花旦",业绩爆发之后要不了三年就会归于沉寂,这种现象引人深思。2015年年中的股市暴跌导致不少私募明显功败垂成,许多有着十几年甚至二十多年经验的明星操盘手功亏一篑,少数同行甚至为此了结了自己的生命。交易是让生命沿着刀刃滑行,现在对这句话我有着更深的体会。随着阅历的增加,浮华褪去,当我放大眼界和格局的时候,年轻时的浮躁慢慢被历练融化。

2015年下半年开始到现在,每天我都会在交易之外抽出半天时间来研读少数几本经典,上面布满了我多年来做下的各色笔记,对比这些年来的分析和交易经历,有一种豁然开朗的感觉。小时候念得非常烂的那首诗,其实等你逐渐老去的时候才能明白其意义:

  白日依山尽,黄河入海流。

  欲穷千里目,更上一层楼。

经典就是我们上楼的梯子,格局有多大,你的福报就有多大,你的交易就能做到多成功。道氏理论是经典,它的核心在于"取势",所谓趁势而为,天下枭雄,要成为金融界的巨擘何尝不是围绕"大势"努力。道氏理论专注于趋势的研究,这就是其与绝大多数投机理论的本质区别,而且它并未停留在"重要的是什么"这一步上,而是专注于"如何做到"这一步上。

"顺势而为"这四个字可以说脍炙人口,也可以说陈词滥调,根源在于很难落地。如何落地?道氏理论给出了一些可操作性的方法。

第一,通过合成指数来替代个股,可以更好地认识整体,而整体与趋势关系最为

密切。所谓站远一点看问题会看得更清楚，指数就是森林，个股就是树木，指数让你能够着眼全局。

第二，道氏理论非常注重新高新低的意义，具体来讲对于N字结构非常注意。趋势的必要条件是不断创出新高或者新低，虽然创新高或者新低未必是趋势，但是趋势存在必然表现为新高或者新低。

第三，相互确认来过滤假信号。所谓兼听则明，偏信则暗，通过"听取"两个指数的"意见"可以得到更加接近趋势实相的信息。

第四，区分了主要运动、次级折返和日内波动三个层次，指出主要运动与趋势关系直接，而日内波动则与趋势毫无关系，这样就可以让我们不再被当下的波动误导。

凡有所相，皆是虚妄。诸相就是波动，就是现象，实相就是趋势，就是本质。道氏理论让我们透过现象看本质，透过波动洞察趋势，这是一门洗尽铅华，褪去浮躁的躬身学问。

"夫易广矣大矣，以言乎远则不御，以言乎迩则静而正，以言乎天地之间则备矣。"这句话也可以套用在道氏理论上，道氏理论蕴含了现代技术分析的各种流派，下面我们略举几例。

道氏理论认为市场存在三个阶段，这点与艾略特波浪理论的1-3-5驱动浪存在近似的对应关系。道氏理论认为趋势是曲折前进的，这正是艾略特波浪理论的实质。

道氏理论的次级折返运动与斐波那契回撤点位关系密切，大多数回撤位于0.382~0.618这个范围之内。

道氏理论注重高低点，而这是水平趋势线的基础。但是，道氏理论认为诸如斜趋势线和趋势通道这类东西过于机械，市场怎么可能被你的斜边趋势线给捆住。

关于道氏理论，我根据中心思想和原文意译出正文，再将原来一些有价值的批注列出，增加一些最新的理解。随着资金量增加，用不着每日盯盘操作，除了半天研究经济和金融市场的时间之外，留下半天时间翻译整理一下自己的所得，这样的时间安排让我从数年的繁忙之中解脱出来。

最后再说一句，道氏理论是一门培养浩然之气的学问，让你从大格局去看待市场和自己，心临大势有静气，波澜不惊，这才是真正的顶级高手！

魏强斌
青城山
2016年7月18日

1932年英文原版序言

所谓的道氏理论其实是已故的查尔斯·H.道和威廉·彼得·汉米尔顿两人市场智慧的集大成之作。

道氏本人是道琼斯公司的创始人之一,这家公司除了向全国提供财经资讯服务之外,还出版《华尔街日报》,而他本人则担任这份报纸的主编。

汉米尔顿在1929年过世,此前的20年当中,他出色地担负起了《华尔街日报》的编辑工作。早期的汉米尔顿作为一名记者与道氏过从甚密,合作关系密切。

30年前的人们还难以理解道氏的全新超前观点:股票市场个股波动的背后其实隐藏着整个股市趋势的变化。此前的人们,包括那些认真严肃思考这一问题的人都普遍认为个股的波动是相互独立的,个股的波动取决于相应上市公司的经营状况以及参与其中的投机者和投资者的行为和市场态度。

汉米尔顿定义和完善了他称为"道氏理论"的这个体系的内涵。在他看来,股市就是整个经济和商业前景的"晴雨表",而且还能预示股市本身的未来趋势。汉米尔顿展示出了精彩绝伦的股市解读技巧,并且经常将这些解读成果和理由撰写成文章作为社论以"股市运动"的文章发表在《华尔街日报》上。

道氏本人对股市理论体系的零散观点仅仅体现在1900~1902年的一系列社论文章当中。直到1922年,汉米尔顿出版了《股市晴雨表》一书,这是一本按照道氏开创的理论基础阐述股市预测的专著。汉米尔顿的理论体系体现在《股市晴雨表》这本书和大量的股评文章当中。

雷亚阁下对他们两人撰写的252篇文章进行了详细而全面的研究,以便能够对个人投资者和投机者的工作有所裨益,他的这项工作是对道氏理论发展的巨大贡献。

休·班克罗夫特(Hugh Bancroft)

波士顿

1932年5月21日

1932年英文原版前言

我撰写这本道氏理论专著的出发点是因为我坚信这一理论是预测股市走势的唯一合理和可靠的方法。

作为一个久病卧床休息的人，我有他人难得的机会去研习道氏理论。倘若一个人没有珍惜和利用这样的机会，将闲暇视为幸运者的奖赏，那么就会丧失生命赐予我们的乐趣。

我十多年来所完成的一切商业事务都是在床上展开的，久病卧榻的唯一乐趣就是致力于经济和商业的研究，特别是对商业形势和股市趋势的研究。或许是因为道氏理论的帮助，又或许是运气使然，我于1921年抓住时机买入一些股票，然后在1929年的最后疯狂之际悉数卖出。另外，或许还是上述两者的帮助，我在股市崩盘之后的两年时间里，仅仅持有数额不多的做空头寸。因此，可以认为我的辛苦研究获得了相应的回报。倘若在我努力运用道氏理论的同时能够对其进行系统阐释，那么可能会对其他人起到帮助，至少我撰写此书的初衷如此。

为了便于我自己和周围朋友，以及其他认真研究股市的人，我负责绘制了一系列的道琼斯平均股票指数走势图。在这一指数走势图当中我还同时绘制出了纽交所相应的成交量。因为少量印制这套走势图的成本过高，所以我决定大量印制出版，而销售情况也令人十分满意。我在这套走势图的导论部分对道氏理论，以及已故的《华尔街日报》编辑威廉·彼得·汉米尔顿的相关文章进行了部分评论，然而这些评论却带来了意外的结果——我竟然收到了多达500封邮件，咨询相关的内容。因此，这本书可以看作是写给这些来信提问者的，以便能够让他们从我对道氏理论的研究中获利，这些来信者中的不少人现在已经成了我的朋友。

毫无疑问的是那些批评家们肯定会找出用词上的不当之处以及排版上的不足之处。同时，许多读者或许难以赞同本书中给出的定义和结论，但是，那些宽宏大量地对待本人能力有限的读者或许能够从中获得启发，并且在未来的操作中证实这些东西的价值。我之所以写出自己的研习心得，主要就是为了这类读者。

最后，我要特别感谢休·班克罗夫特欣然为本书提笔作序。作为财经媒体翘楚《华尔街日报》和《巴伦周刊》的领导者，他授权我使用道琼斯股票平均指数和旗下媒体刊发的文章，对此表示感谢。

罗伯特·雷亚（Robert Rhea）
科罗拉多斯普林斯市
1932 年 3 月 10 日

导言　成为伟大交易者的秘密

◇ 伟大并非偶然！
◇ 常人的失败在于期望用同样的方法达到不一样的效果！
◇ 如果辨别不正确的说法是件很容易的事，那么就不会存在这么多的伪真理了。

金融交易是全世界最自由的职业，每个交易者都可以为自己量身定做一套盈利模式。从市场中"提取"金钱的具体方式各异，而这却是金融市场最令人神往之处。但是，正如大千世界的诡异多变由少数几条定律支配一样，仅有的"圣杯"也为众多伟大的交易圣者所朝拜。现在，我们就来——细数其中的最伟大代表吧。

作为技术交易（Technical Trading）的代表性人物，理查德·丹尼斯（Richard Dannis）闻名于世，他以区区2000美元的资本累积了高达10亿美元的利润，而且持续了十数年的交易时间。更令人惊奇的是，他以技术分析方法进行商品期货买卖，也就是以价格作为分析的核心。但是，理查德·丹尼斯的伟大远不止于此，这就好比亚历山大的伟大远不止于建立地跨欧、亚、非的大帝国一样，理查德·丹尼斯的"海龟计划"使得目前世界排名前十的CTA基金经理有六位是其门徒。"海龟交易法"从此名扬天下，纵横寰球数十载，今天中国内地也刮起了一股"海龟交易法"的超级风暴。其实，"海龟交易"的核心在于两点：一是"周规则"蕴含的趋势交易思想；二是资金管理和风险控制中蕴含的机械和系统交易思想。所谓"周规则"（Weeks' Rules），简单而言就是价格突破N周内高点做多（低点做空）的简单规则，"突破而做"（Trading as Breaking）彰显的就是趋势跟踪交易（Trend Following Trading）。深入下去，"周规则"其实是一个交易系统，其中首先体现了"系统交易"（Systematic Trading）的原则，其次体现了"机械交易"（Mechanical Trading）的原则。对于这两个原则，我们暂不深入，让我们看看更令人惊奇的事实。

巴菲特（Warren Buffett）和索罗斯（Georgy Soros）是基本面交易（Fundamental Investment & Speculation）的最伟大代表，前者2007年再次登上首富的宝座，能够时隔

道氏理论：顶级交易员深入解读

多年后再次登榜，实力自不待言，后者则被誉为"全世界唯一拥有独立外交政策的平民"，两位大师能够"登榜首"和"上尊号"基本上都源于他们的巨额财富。从根本上讲，是卓越的金融投资才使得他们能够"坐拥天下"。巴菲特刚踏入投资大门就被信息论巨擘认定是未来的世界首富，因为这位学界巨擘认为巴菲特对概率论的实践实在是无人能出其右，巴菲特的妻子更是将巴菲特的投资秘诀和盘托出，其中不难看出巴菲特系统交易思维的"强悍"程度。套用一句时下流行的口头禅"很好很强大"，恐怕连那些以定量著称的技术投机客都要俯首称臣。巴菲特自称85%的思想受传于本杰明·格雷厄姆的教诲，而此君则是一个以会计精算式思维进行投资的代表，其中需要的概率性思维和系统性思维不需多言便可以看出"九分"！巴菲特精于桥牌，比尔·盖茨是其搭档，桥牌游戏需要的是严密的概率思维，也就是系统思维，怪不得巴菲特首先在牌桌上征服了信息论巨擘，随后征服了整个金融界。以此看来，巴菲特在金融王国的"加冕"早在桥牌游戏中就已经显出端倪！

索罗斯的著作一大箩筐，以《金融炼金术》最为出名，其中他尝试构建一个投机的系统。他师承卡尔·波普和哈耶克，两人都认为人的认知天生存在缺陷，所以索罗斯认为情绪和有限理性导致了市场的"盛衰周期"（Boom and Burst Cycles），而要成为一个伟大的交易者则需要避免受到此种缺陷的影响，并且进而利用这些波动。索罗斯力图构建一个系统的交易框架，其中以卡尔·波普的哲学和哈耶克的经济学思想为基础，"反身性"是这个系统的核心所在。

还可以举出太多以系统交易和机械交易为原则的金融大师们，比如伯恩斯坦（短线交易大师）、比尔·威廉姆（混沌交易大师）等，太多了，实在无法一一述及。

那么，从抽象的角度来讲，我们为什么要迈向系统交易和机械交易的道路呢？请让我们给出几条显而易见的理由吧。

第一，人的认知和行为极易受到市场和参与群体的影响，当你处于其中超过5分钟时，你将受到环境的催眠，此后你的决策将受到非理性因素的影响，你的行为将被外界接管。而机械交易和系统交易可以极大地避免这种情况的发生。

第二，任何交易都是由行情分析和仓位管理构成的，其中涉及的不仅是进场，还涉及出场，而出场则涉及盈利状态下的出场和亏损状态下的出场，进场和出场之间还涉及加仓和减仓等问题。此外，上述操作还都涉及多次决策，在短线交易中更是如此。复杂和高频率的决策任务使得带有情绪且精力有限的人脑无法胜任。疲累和焦虑下的决策会导致失误，对此想必每个外汇和黄金短线客都是深有体会的。系统交易和机械交易可以流程化地反复管理这些过程，省去了不少人力成本。

第三，人的决策行为随意性较强，更为重要的是每次交易中使用的策略都有某种程度上的不一致，这使得绩效很难评价，因为不清楚N次交易中特定因素的作用到底如何。由于交易绩效很难评价，所以也就谈不上提高。这也是国内很多炒股者十年无长进的根本原因。任何交易技术和策略的评价都要基于足够多的交易样本，而随意决策下的交易则无法做到这一点，因为每次交易其实都运用了存在某些差异的策略，样本实际上来自不同的总体，无法用于统计分析。而机械交易和系统交易由于每次使用的策略一致，这样得到的样本也能用于绩效统计，所以很快就能发现问题。比如，一个交易者很可能在1、2、3……21次交易中，混杂使用了A、B、C、D四种策略，21次交易下来，他无法对四种策略的效率做出有效评价，因为这21次交易中四种策略的使用程度并不一致。而机械交易和系统交易则完全可以解决这一问题。所以，要想客观评价交易策略的绩效，更快提高交易水平，应该以系统交易和机械交易为原则。

第四，目前金融市场飞速发展，股票、外汇、黄金、商品期货、股指期货、利率期货，还有期权等品种不断翻出新花样，这使得交易机会大量涌现，如果仅仅依靠人的随机决策能力来把握市场机会无异于杯水车薪。而且大型基金的不断涌现，使得单靠基金经理临场判断的压力和风险大大提高。机械交易和系统交易借助编程技术"上位"已成为这个时代的既定趋势。况且，期权类衍生品根本离不开系统交易和机械交易，因为其中牵涉大量的数理模型运用，靠人工是应付不了的。

中国人相信人脑胜过电脑，这绝对没有错，但也不完全对。毕竟人脑的功能在于创造性解决新问题，而且人脑的特点还在于容易受到情绪和最近经验的影响。在现代的金融交易中，交易者的主要作用不是盯盘和执行交易，这些都是交易系统的责任，交易者的主要作用是设计交易系统，定期统计交易系统的绩效，并做出改进。这一流程利用了人的创造性和机器的一致性。交易者的成功，离不开灵机一动，也离不开严守纪律。当交易者参与交易执行时，纪律成了最大问题；当既有交易系统让后来者放弃思考时，创新成了最大问题。但是，如果让交易者和交易系统各司其职，则需要的仅仅是从市场中提取利润！

作为内地最早倡导机械交易和系统交易的理念提供商（Trading Ideas Provider），希望我们策划出版的书籍能够为你带来最快的进步。当然，金融市场没有白拿的利润，长期的生存不可能夹杂任何的侥幸，请一定努力！高超的技能、完善的心智、卓越的眼光、坚韧的意志、广博的知识，这些都是一个至高无上的交易者应该具备的素质。请允许我们助你跻身于这个世纪最伟大的交易者行列！

Introduction   Secret to Become a Great Trader!

◇ Greatness does not derive from mere luck!

◇ The reason that an ordinary man fails is that he hopes to achieve different outcome using the same old way!

◇ There would not be so plenty fake truths if it was an easy thing to distinguish correct sayings from incorrect ones.

Financial trading is the freest occupation in the world, for every trader can develop a set of profit-making methods tailored exclusively for himself. There are various specific methods of soliciting money from market; while this is the very reason that why financial market is so fascinating. However, just like the ever-changing world is indeed dictated by a few rules, the only "Holy Grail" is worshipped by numerous great traders as well. In the following, we will examine the greatest representatives among them one by one.

As a representative of Techincal Trading, Richard Dannis is known worldwide. He has accumulated a profit as staggering as 1 billion dollar while the cost was merely 2000 bucks! He has been a trader for more than a decade. The inspiring thing about him is that he conducted commodity futures trading with a technical analysis method which in essence is price acting as the core of such analysis. Never the less, the greatness of Richard Dannis is far beyond this which is like the greatness of Alexander was more than the great empire across both Europe and Asia built by him. Thanks to his "Turtle Plan", 6 out of the world top 10 CTA fund managers are his adherents. And the Turtle Trading Method is frantically well-known ever since for a couple of decades. Today in mainland China, a storm of "Turtle Trading Method" is sweeping across the entire country. The core of Turtle Trading Method lies in two factors: first, the philosophy of trendy trading implied in "Weeks' Rules"; second, the philosophy of mechanical trading and systematic trading implied in fund management and risk control. The so-called "Weeks' Rules" can be simplified as simples rules that going long at high and short at low within N weeks since price breakthrough. While Trading as breaking illustrates trend following trading. If we go deeper, we will find that "Weeks' Rules" is a trading system in nature. It tells us the principle of systematic trading and the principle of mechanical trading. Well, let's just put these two principles aside and look at some amazing facts in the first place.

The greatest representatives of fundamental investment and speculation are undoubtedly Warren Buffett and George Soros. The former claimed the title of richest man in the world in 2007 again. You can imagine how powerful he is; the latter is accredited as "the only civilian who has independent diplomatic policies in the world". The two masters win these glamorous titles because of their possession of enormous wealth. In essence, it is due to unparalleled financial trading that makes them admired by the whole world. Fresh with his feet in the field of investment, Buffett was regarded by the guru of Information Theory as the richest man in the future world for this guru considered that the practice by Buffett of Probability Theory is unparallel by anyone; Buffett' wife even made his investment secrets public. It is not hard to see that the trading system of Buffett is really powerful that even those technical speculators famous for quantity theory have to bow before him. Buffet said himself that 85% of his ideas are inherited from Benjamin Graham who is a representative of investing in a accountant's actuarial method which requires probability and systematic thinking. The interesting thing is that Buffett is a good player of bridge and his partner is Bill Gates! Playing bridge requires mentality of strict probability which is systematic thinking, no wonder that Buffett conquered the guru of Information Theory on bridge table and then conquered the whole financial world. From these facts we can see that even in his early plays of bridge, Buffett had shown his ambition to become king of the financial world.

Soros has written a large bucket of books among which the most famous is *The Alchemy of Finance*. In this book he tried to build a system of speculation. His teachers are Karl Popper and Hayek. The two thought that human perception has some inherent flaws, so their students Soros consequently deems that emotion and limited rationality lead to "Boom and Burst Cycles" of market; while if a man wants to become a great trader, he must overcome influences of such flaws and furthermore take advantage of them. Soros tried to build a systematic framework for trading based on economic ideas of Hayek and philosophic thoughts of Karl Popper. Reflexivity is the very core of this system.

I may still tell you so many financial gurus taking systematic trading and mechanical trading as their principles, for instance, Bernstein (master of short line trading), Bill Williams (master of Chaos Trading), etc. Too many. Let's just forget about them.

Well, from the abstract perspective, why shall we take the road to systematic trading and mechanical trading? Please let me show you some very obvious reasons.

First. A man's perception and action are easily affected by market and participating groups. When you are staying in market or a group for more than 5 minutes, you will be hypnotized by ambient setting and ever since that your decisions will be affected by irrational elements.

Second. Any trading is composed of situation analysis and account management. It involves not only entrance but exit which may be either exit at profit or exit at a loss, and there are problems such as selling out and buying in. All these require multiple decision-makings, particularly in short line trading. Complicated and frequent decision-making is beyond the average brain of emotional and busy people. I bet every short line player of forex or gold knows it well that decision-making in fatigue and anxiety usually leads to failure. Well, systematic trading and machanical trading are able to manage these procedures repeatedly in a process and thus can save lots of time and energy.

Third. People make decisions in a quite casual manner. A more important factor is that people use different strategies in varying degrees in trading. This makes it difficult to evaluate the performance of such trading because in that way you will not know how much a specific factor plays in the N tradings. And the player can not improve his skills consequently. This is the very reason that many domestic retail investors make no progress at all for many years. Evaluation of trading techniques and strategies shall be based on plenty enough trading samples while it's simply impossible for tradings casually made for every trading adopts a variant strategy and samples accordingly derive from a different totality which can not be used for calculating and analysis. On the contrary, systematic trading and mechanical trading adopt the same strategy every time so they have applicable samples for performance evaluation and it's easier to pinpoint problems, for instance, a player may in first, second...twenty-first tradings used strategies A, B, C, D. He himself could not make effective evaluation of each strategy for he used them in varying degrees in these tradings, but systematic trading and mechanical trading can shoot this trouble completely. Therefore, if you want to evaluate your trading strategies rationally and make quicker progress, you have to take systematic trading and mechanical trading as principles.

Fourth. Currently the financial market is developing at a staggering speed. Stock, forex, gold, commodity, index futures, interest rate futures, options, etc., everything new is coming out. So many opportunities! Well, if we just rely on human mind in grasping these opportunities, it is absolutely not enough. The emergence of large-scale funds makes the risk of personal judgment of fund managers pretty high. Take it easy, anyway, because we now have mechanical trading and systematic trading which has become an irrevocable trend of this age. Furthermore, derivatives such as options can not live without systematic trading and mechanical trading for it involves usage of large amount of mathematic and physical models which are simply beyond the reach of human strength.

Chinese people believe that human mind is superior to computer. Well, this is not wrong, but it is not completely right either. The greatness of human mind is its creativity; while its weakness is that it's vulnerable to emotion and past experiences. In modern financial trading, the main function of a trader is not looking at the board and executing deals—these are the responsibilities of the trading system—instead, his main function is to design the trading system and examine the performance of it and make according improvements. This process unifies human creativity and mechanical uniformity. The success of a trader is derived from tow factors: smart idea and discipline. When the trader is executing deals, discipline becomes a problem; when existing trading system makes newcomers give up thinking, creativity becomes dead. If, we let the trader and the trading system do their respective jobs well, what we need to do is soliciting profit from market only!

As the earliest Trading Ideas Provider who advocates mechanical trading and systematic trading in the mainland, we hope that our books will bring real progress to you. Of course, there is no free lunch. Long-term existence does not merely rely on luck. Please make some efforts! Superb skill, perfect mind, excellent eyesight, strong will, rich knowledge—all these are merits that a great trader shall have to command. Finally, please allow us to help you squeeze into the queue of the greatest traders of this century!

目　录

第一章　道氏理论的演化 ··· 001

在所有的股票市场中，都同时存在着三类清晰的价格运动模式，分别是主要运动、次级折返以及日内波动。最能引起大众关注的是日内波动，然后则是日线走势上的修正折返走势，比如牛市中的回调和熊市中的反弹，这些都是比较短暂的日线走势。最容易被大众忽视的则是主要运动，这一层次的运动时间跨度长达数月，它们是市场趋势的体现。换而言之，这些主要运动是股市中真正重要的运动。

第二章　汉米尔顿阐释的道氏理论 ····························· 015

我想要给出另外一种比喻，那就是如果说海洋是股市，那么天气和气压的变化会影响洋流的变化和航行条件，那么影响股市的"天气"究竟是什么呢？应该是基本面和心理面吧。股市自己也会影响自己形成正强化，但是这不是永动机，必然有外力给予第一次推动，这就是基本面。

第三章　操　纵 ·· 027

股票有两重属性，价值属性的一面在于商业创造的利润，筹码属性的一面在于稀缺性和题材导致的风险溢价下降。消息传播的阶段与股市的生态金字塔层级密切相关。在获取具体消息的速度上主力和机构远胜于一般交易者，但是在趋势的认识上一般交易者可以缩小这个差距。

第四章　平均指数贴现一切 ······································· 033

本章其实讲的是"预期"这个最容易为初学者忽略的因素，决定股票涨跌的不是历史，而是预期，所以我们分析时应该以前瞻为主，回顾也是为了更好地前瞻，切不可陷入直线预期的窠臼。指数的运动贴现了未来的预期之事，但是这个贴现过程并非一步到位，这就是理论和现实的差距。任何交易者都是抓住了这个差距来获利，无论是投机者还是投资者，都是因为看到了众人尚未看到或将要看到的驱动因素。

第五章　道氏理论并非完美 ·· 045

　　要想正确地使用道氏理论最为重要的是搞清楚道氏理论的几个前提，我认为其中最为重要的前提是道氏理论是对中长期走势的研究，而非日内波动的研究。道氏理论坦诚对于日内波动的把握它并不擅长，这是它能力之外的事情。

第六章　道氏理论的三种运动层次 ································ 055

　　主要运动取决于股票的内在价值，这属于驱动层面；次级折返取决于市场情绪和心理，这属于心理层面；日内波动取决于资金博弈，这也属于心理层面。

第七章　主要运动 ·· 061

　　顺势而为，这句话是一句"烂话"，聊胜于无，因为明白的人无须这句话，不明白的人讲了这句话也只停留在抽象的道理上。如何确定趋势？这个问题才是落地的关键。

第八章　熊　市 ·· 065

　　股市通过运动来贴现信息，一则利空消息的贴现是通过股价或者指数下跌来贴现的，而一则利多消息的贴现则是通过股价或者指数上涨来贴现的。一则利空是否还会推动市场下跌，要看市场是否已经下跌了贴现了这则消息。这则例子中，利空虽多，但是都是些早已贴现的"旧闻"。还有一种方法识别"贴现"，那就是利空不跌或者是利多不涨，那表明这一利空已经被贴现，或者利多已经被贴现。

第九章　牛　市 ·· 077

　　道氏理论与绝大多数技术分析工具对人性的考验是完全不一样的。绝大多数技术工具迎合并且加剧了人的急躁心理，但是道氏理论却要求人不断提高自己的耐心水平。道氏理论在这一点上与价值投资何其类似，耐心等待致命一击，这才是市场王者之道。但是，绝大多数市场参与者都热衷于短线交易，这也是人性使然。极少数短线高手的存在，让大众乐此不疲，殊不知其中有多大的付出一般人并不知道，短线交易者每天要花费大量时间复盘，这是极其辛苦的。眼睛和颈椎有多难受，过来人才知道，就算财务上成功了，身心的付出和消耗那是一般人无法想象的。

第十章　次级折返 ·· 089

　　33%~66%修正范围可以从斐波那契的维度来确定，成交量的阶段性低点和高点则是第二个维度。除此之外，还有一个时间维度和形态维度。形态维度一般来讲是3浪或者5浪构成次级折返。这就是道氏理论对次级折返的分析维度。

目 录

第十一章　日内波动 · 109

　　道氏理论强调不能"只见树木，不见森林"，但是也补充道树木是森林的基础。道氏理论的核心是"取势"，但是这个势却是由波动具体构成的，有主要运动、次级折返和日内波动。

第十二章　两个指数的相互确认原则 · 113

　　为什么要指数相互确认呢？这是为了过滤虚假的突破信号。另外，铁路股票指数代表经济中物流部分的景气预期，而工业股票指数代表经济中生产部分的景气预期。而可持续性的繁荣，必然是物流和生产同时处于景气状态，所以两者的相互确认也是基于经济持续景气的必然表现。现代道氏理论的代表人物中已经有人引入了第三个指数来加强信号过滤，效果还有待长期数据检验。

第十三章　趋势的确认 · 125

　　能否突破高点或者低点是主要运动与次级折返的一个主要区别，另外一个区别则是一个指数的突破能否得到另外一个指数突破的确认，单一指数的突破也不能算作是主要运动，而只能算次级折返。如果说以 N 字结构来判断趋势是第一步，那么两个关联标的上 N 字结构的相互确认则是趋势判断的第二步。只有经过这两步才能确认趋势，一般我们都只做了第一步。

第十四章　横向整理 · 131

　　雷亚这里只是简单地从筹码博弈的角度来区分两种类型的横向整理，但实际上横向整理还有一种区分方法。横向整理可以是因为市场分歧很大，但是多空因素交织，所以缺乏主导逻辑，因而区间整理，或者是因为市场缺乏任何重要的信息，甚至处于毫无消息刺激的状态，因此处于区间整理。简而言之，一种情况是多空都有重要消息，但是势均力敌，一种是多空都缺乏重要消息，走势沉闷。

第十五章　价量关系 · 143

　　汉米尔顿被既有理论观念和实践行动所撕扯，一方面他想要坚持指数贴现一切因素的假设，另一方面在实践当中他又不断尝到利用成交量分析的甜头。而雷亚认识到了实践与理论不一致的地方，因此对理论进行了修改以便适应实践的需要。我们后人在研习道氏理论的时候也应该坚持从实践出发，不断完善既有的理论体系。

第十六章　双顶和双底 · 153

　　在横向整理的初期阶段，市场很容易形成类似双顶或者双底的形态，但是最终成了某种整理形态而非反转形态。N 字底或者 N 字顶比双底或者双顶更常出现在市场转折点处。

003

第十七章 个 股 ·· 159

价值投资者有两个重要的任务：第一个是通过对商业模式和行业前景的了解洞悉公司未来的现金流情况，进而确定价值；第二个是通过市场先生的情绪波动获得恰当的买入时机。道氏理论不能帮助投资者确认公司的内在价值，但是可以在某种程度上确定恰当的买入时机。

第十八章 投 机 ·· 163

想要真正克服上述困难，唯一的解决之道便是掌握市场趋势和股票的内在价值，并且恪守汉米尔顿的告诫——投机者应该截短亏损，让利润奔腾！

第十九章 股市的哲学 ·· 175

大众都预判主力要出货的时候，主力就算本来想要出货也会推迟，因为这个时候出货缺乏足够的对手盘。另外一种情况下，大众对熊市的一致预判往往是错误的，经济的大背景与大众的一致预判往往也是相反的，所以主力还有继续买入的坚实理由。

附录 1 伦敦货币交易员的日内操纵与英镑择时操作法 ·········· 187

附录 2 指数 N/2B 法则：趋势开始的确认信号 ·················· 195

第一章

道氏理论的演化
The Evolution of a Theory

> 道氏理论的影响力日益彰显，最初查尔斯占有的数据只有几年，相形之下我们却有了长达 35 年的数据来验证和完善理论本身，这足以让我们进行更加全面的研究。再往前推，20 年后，那时的人们将比我们更具优势，因为在研究股市上他们拥有更长的数据可供使用。

查尔斯·H.道是全国最大财经通讯社——道琼斯公司的创始人，同时他还是《华尔街日报》的拥有者，直到他1902年去世之前他一直负责这份报纸的主编工作。在他生命的最后几年，他撰写过一些关于股票投机的评论文章，这些文章涉及他个人对股市中重复出现**结构的观察和记录**。这些观察和记录的主要对象是道琼斯铁路和工业股票平均价格指数变化。

查尔斯·H.道并未将自己的这些观察心得命名为道氏理论，正式命名的工作是由他的继任者和朋友S.A.尼尔森1902年在《股票投机入门》（*The ABC of Stock Speculation*）一书中首度提出的。尼尔森试图从实际运用的角度来阐释查尔斯开创的理论方法。

现在不少成功的金融界人士普遍认为道琼斯铁路和工业股票平均价格指数是到目前为止最为有效和可靠的趋势指标，对于股市

> 查尔斯与 Jesse Livermore（J. L.）都是从亲手记录行情走势开始展开对市场规律的认识的。

本身和整个经济都有较好的指示作用。金融界通常将基于股票平均价格指数推断股市整体大势的方法称为"道氏理论"。

1897年之前，道琼斯公司只建立和发布了一个股票平均价格指数，此后从1897年开始它们将这一指数分拆为两个指数：铁路股票平均指数和工业股票平均**指数**。查尔斯在记录和评论股市走势的时候，最多只有5年的两种股指数据记录，在这么短时间的数据基础上发现股市规律并且建立起道氏理论真的是非常了不起。尽管当初的某些观点和结论被后来的实践证明不正确，但是其基本原则仍旧经受住了现实的检验，在查尔斯去世之后的28年当中这一理论的有效性持续得到证明。

威廉·彼得·汉米尔顿是查尔斯的得力助手，他经常发表一些评论文章对市场走势做出预测，这使得道氏理论能够继续完善和发扬光大。汉米尔顿对股市的预判整体而言是非常有效的，他的评论文章迅速成为了《华尔街日报》的热门栏目，大家对其的追捧一直持续到1929年12月他去世为止。

汉米尔顿在1922年撰写了一本名为《股市晴雨表》(*The Stock Market Barometer*)的专著。因为可以不受篇幅的限制，他在专著当中详细地阐释了道氏理论的原理和方法，这本书目前在市面上已经绝版了，但是

> 铁路股票平均指数衡量了经济中的流通状况，而工业股票则衡量了经济中的生产状况。

它确实是一本经典而成功的著作。这本书在当时引发了激烈的讨论,对后世的影响也极其深远,以至于现在都还能看到这本书在财经媒体上的影响力。遭受非议的主要地方在于那些号称能够基于统计学预测股市的人大都不承认**道氏理论的有效性**。其实,这些批评者往往并不了解道氏理论的基本原理,因此也就看不到其中的重大价值。

汽车的发展和完善与道氏理论的发展历程有异曲同工之妙,从1902年开始,工程师们提高了汽车引擎的功率,并且实现了轮圈的可拆卸,加装了电气化车灯,改进了自动化启动器等,这就使得汽车成了值得信赖和便捷的交通工具。同时,大概在1902~1929年,汉米尔顿也对道氏理论进行了不断地完善和改进,通过更长时间的股指数据记录,并在此基础上进行全面的观察和分析,他为我们提供了一种完善而可靠的方法,用来预判股票市场的走势和经济的发展趋势。

基于既往的大量金融数据,综合计算得出一种指数,然后利用这一指数来预测未来的趋势,这样的套路并非什么高招。毕竟,这些方法都是企图根据已经发生了的事情来推测未来的走势,这样的方法是否有效完全依赖于一个前提,那就是历史将会重复自己。因此,这类指数要想发挥作用必须经过

道氏理论与现在流行的技术理论存在一些差别,最大的差别在于时间框架上的不同。现在的主流技术分析往往更加注重日内的波动分析,或者是对几个交易日的分析,比如K线理论习惯于对1~3个交易日的分析。与之不同的是,道氏理论强调跨月甚至跨年的趋势分析,这绝不是看几个交易日的做法。

基于历史数据进行某种模型建设，然后再进行新数据的检验，这就是曲线拟合和外推检验。

多年实践的检验才行，只有将预测与实际走势进行对比才能**得出可靠的结论**，而道氏理论本身经受住了这样的检验。

这一理论提供了一套自我演化和适应的市场预判方法，它的有效性已经达到了长达30多年数据的背书，汉米尔顿多年来持续不懈地在《华尔街日报》上刊载基于道氏理论的股市预测文章，这些预测的整体有效性和准确性毋庸置疑。尽管汉米尔顿的系列文章相当精彩，但是他非常低调谦虚，并没有进一步将这些完善和运用道氏理论的缜密而精辟的文章整理成册，这当然让大家觉得十分可惜。

而我在本书要达到的目的正是要对道氏理论进行条分缕析，归纳提炼成为一本手册，以便对那些想要运用道氏理论进行股票投机的人有所助益。本书主要围绕汉米尔顿的文章展开，而我自己的观点和评论在全书中只占了相当少的比例。所有有关汉米尔顿道氏理论的文章我都进行了详细而深入的研究，并且全部纳入到本书的内容之中，我尽量援引他的原话。因此，本书可以看成是为了帮助大家更好地学习道氏理论，而对汉米尔顿的相关论述进行了分门别类的逻辑梳理。只要没有专门标注，那么本书中的观点和论述都是来源于汉米尔顿在《华尔街日报》和《巴伦周刊》上刊登的文章。

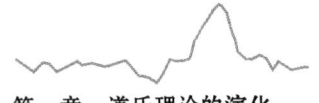

第一章 道氏理论的演化

道氏理论的影响力日益彰显，最初查尔斯占有的数据只有几年，相形之下我们却有长达35年的数据来验证和完善理论本身，这足以让我们进行更加全面的研究。再往前推，20年后，那时的人们将比我们更具优势，因为在研究股市上他们拥有更多的数据可供使用。查尔斯本人总是避免所谓的股市预测，他的保守倾向源于他认为缺乏足够的数据来证明**道氏理论的有效性**。后继者汉米尔顿则在不断延长的时间维度上利用道氏理论来预测股市的走势，其准确性和有效性不断提高和完善。虽然汉米尔顿在1926年的某次预测出现了重大的失误，但这一失误其实完善了道氏理论运用的总原则，同时也表明道氏理论并非完美无瑕和绝对正确，我会在稍后的章节对这一点进行更为详细的解释。实际上，每当汉米尔顿对牛市进行成功预判的同时都不忘强调道氏**理论也可能出错**。

道氏理论的基本原理是非常简洁的，都是源于实际走势，这一理论基本上都是查尔斯观察和研究自己编制的道琼斯股票指数得来的。1900~1902年，查尔斯在《华尔街日报》上发表了一系列的有关投机的股市观察和评论文章，但是他并未试图对这些内容进行理论化和系统化的定义和编撰。后来，汉米尔顿基于查尔斯的系列文章构筑了道氏理论的基础，然后运用这一框架来观察和研判

　　查尔斯·H.道本人的统计学功底和素养是很深厚的，因此他不像此后的技术分派一样盲目崇拜技术分析本身，因为他知道数学公式计算出来的东西未必都符合统计学原理。

　　这才是技术分析派大师的真正风范，也是我们在学习和运用技术分析手段时应该具有的态度。

大盘指数和板块指数是投机客们重点关注的指标，因为所谓的研判大势往往离不开对它们的琢磨。

前人种树后人乘凉，我们应该站在前人肩膀上回顾过往，举目远眺。对经受住时间检验的经典理论认真对待，同时根据市场的发展不断推陈出新，这才是交易的正道。

股市走势做出预测。不久之后，汉米尔顿的系列文章成了业界解读股市趋势的重要指南，这些拥趸也逐渐掌握了股票平均**价格指数的实质**。

汉米尔顿撰写的股评文章在数目上远远超过了查尔斯，而从勇气上来看，汉米尔顿也敢于尝试利用道氏理论来预测股市的走势，而查尔斯本人却从未尝试做出这方面的预测，因此我在本书当中不准备研究查尔斯的相关文章。尽管如此，我们仍旧需要记住他对整个道氏理论的重大贡献是不可磨灭的。汉米尔顿运用这套理论的基础源于前人的努力，对此他深以为然，在自己的文章当中他总是不忘提及这一点，下列句子经常出现在他的股评文章开头——"根据已故的查尔斯·H.道的理论，基于道琼斯股票平均价格指数对股市的波动进行**观察和分析**"。

大家应该明白一点那就是《华尔街日报》永远保持着极高的业界品质，从未成为提供小道消息的低劣刊物。汉米尔顿不仅顶着"专业投顾"的头衔，而且更是一位见识卓著的财经编辑。他并非在每次预见到股市未来趋势的时候都会提笔撰写相关的预测文章。虽然他思维缜密，见识超群，但并非只关注股价指数，对于其他事务他也经常关注，因此无论是从个人爱好还是时间精力分配上来讲，他都不可能持续关注股票指数的变化。另外，有时汉米尔顿对于那些利用他股市预测的无良咨询机构非常厌恶，因此会长时间拒绝撰写出自己的市场预测观点。

虽然汉米尔顿觉察到了道氏理论的显著局限之处，但是为了让研习者们能够更好地理解汉米尔顿对指数预测股市的信心，下面列出了他在25年多的时间里撰写文章的一些选段。

"道氏理论是研究股票平均价格指数的基础，已故的查尔斯·H.道先生提出了这一理论，他同时也是这份报纸的创办人。已经出版的相关书籍现在好像已经绝版了，我只能简单地描述一下这一理论——在所有的股票市场中，都同时存在着三类清晰的价格运动模式，分别是主要运动、次级折返以及**日内波动**。最能引起大众关注的是日内波动，然后则是日线走势上的修正折返走势，比如牛市中的回调和熊市中的反弹，这些都是比较短暂的日线走势。**最容易被大众忽视的则是主要运动，这一层次运动的时间跨度长达数月，它们是市场趋势的体现**。换而言之，这些主要运动是股市中真正重要的运动。"

"股票分析和研究人士在对股票平均价格指数进行观察和研判的时候，必须牢记一个基本的前提——分析和研究过程中所得出来的普遍规律对于日内波动是毫无意义的，而第二层次的次级折返运动也无法得出可靠

《股票作手回忆录》的原型J.L.对此也有类似的论述，他也对市场运动进行了分类，基本对应于道氏理论的模型。

技术分析要从经验的范畴上升到理论的范畴还有很长的一段路要走，但是这并不意味着技术分析能够心安理得地永远停留在"金融巫术"的层面。这是一个开放的世界，故步自封只能落后，技术分析也不能原地踏步。

很多国内的道氏理论的推广者沉迷于趋势线，这其实并不符合道氏理论的核心精神。

的法则。但是，这些普遍规律对于主要运动的研判却非常有用，而且也能够让股市的晴雨表作用真正体现出来。其实可以说我们在牢记了这一前提之后所进行的股市评论和研判，以及出版的相关专栏文章，其准确性非常高，正确的次数远远多于错误的次数，特别是第一次世界大战之前的系列文章。同时，犯错的时候往往是因为违背了道氏理论的科学法则。"（1919年8月8日）

"某位热心的读者来信询问：基于工业和铁路股票平均价格的历史走势来预判股票市场的趋势，这难道不是**经验主义吗**？这当然具有经验主义的色彩，但并非完全是宥于经验本身。进一步来讲，这种方法可不围什么江湖术士的把戏。从海量数据中得出的结论都难免会遭受质疑，关键还是要看这种方法能否经受住实践的检验，在实践中是否具有准确性。"

"道氏理论并不否认自身具有很大的主观性和显著的局限性。但是，诚实地来讲记录在案的方法之中还没有找到能够与之匹敌的。"（《股市晴雨表》）

"某些研习道氏理论三层次运动模型的学者固执地要求道氏理论的这一模型应该具备数学上的，甚至几何上的严密性。然而，坦白来讲道氏理论并不要求也不需要具备这种数学上的**精确性**。"（1922年10月18日）

第一章 道氏理论的演化

"当然，研究者们发现很多价格运动是道氏理论无法预测的，特别是那些处于第二层次的次级折返运动。人类的能力对此无可奈何，现在还没有能力造出满足如此高预测水平的工具。同时，我也认为人类整体智力目前所处的阶段表明不可能有任何个体能够制造出这样的工具。毁灭世界的最好办法就是让完全的利他主义者从上帝手中接过地球的管辖权。"

"预测股市走势的理论并非毫无瑕疵，更准确地讲这门尚且处在襁褓的科学远未达到完善**的境地。**"

"气象机构所公布的天气数据是非常有价值的，但是它们却从不会盲目自信到认为自己能够预测一个干旱的夏季或者一个温暖的冬季。因为无论是谁都明白纽约的一月会寒冷，而 7 月**则会燥热。**"

"主导股市走势的普遍规律在哪里都有效，无论是伦敦证券交易所、巴黎证券交易所还是柏林证券交易所都是一样发挥作用。而且可以进一步推定，即便这些证交所被完全摧毁了，不存在了，其内在的普遍规律仍旧存在。当这些自由交易的场所重建之后，当巨额资本涌入其中的时候，这些规律会再度显现它们的作用，这一切都是自然而然地发挥作用的。就我所了解的信息而言，还有一种在伦敦金融出版物有类似于道琼斯平均

汉米尔顿其实也是一个深明"能力范围"的智者，这点与巴菲特等价值投资者非常相似。

有时候常识比自以为巧妙的聪明更为可靠。什么是"常识"？那就是一些普遍的趋势性运动，不为人的意志所转移的运动和规律。主要运动相对于次级折返和日内杂波而言更为可靠，更接近"常识"的范畴。

规律是客观存在的，虽然体现于物体的运动之中，但是物体的消亡并不能让规律消亡。唯理主义的观点在此得到了淋漓尽致的体现，当然也部分体现了辩证法的一些观点。

为了解读金融市场的波动，为了解开金融市场的奥秘，从统计学、经济学、心理学、金融学到天文学、占星术、四柱等都被采用来研究市场的走势。由此可见，金融市场才是真正的"易"，囊括万物，一切道理都在此得到彰显。

价格指数的指标。不过，如果有这样的指数存在的话，那么其对伦敦股市的预测效能应该与道琼斯指数对纽约股市的预测效能一**样高**。"

"道氏理论吸纳了一些系统论或者周期轮的观点，以及富有逻辑性和趣味性的推理方法，还有一些时髦的相关理论。在所有这些可供借鉴的因素基础上，对数据信息和资料片段进行观察和分析。毕竟，要解读股市的运动需要我们动用一切可以获得的知识，或者说股市运动本身体现了一切有**价值的知识本身**。"

"道氏理论作为一个较为有效的假设模型，它强调了实用有效的原则，而这点其实体现了人性。毕竟，人类的本性就是追求成功与财富，但是这种本性却容易让大众陷入极端之中，要么是悔不当初，要么是意志消沉。人们贪婪的天性只有在经历了金融大危机的恐慌之后才会得到收敛，那时工人们会庆幸自己能够还有收入，同时能够从微薄的工资中获得储蓄资金，而资本家们也会满足于微薄但是及时的现金流入。"

"已经过世的美国参议员石本拿先生在阅读《华尔街日报》的某篇评论文章时说道：接受市场铁石心肠的宣判吧！他当然洞见到了市场的冷酷无情和分毫不差。当然，市场的所有判决都必须以枕骨为基础，即便这些

证据是由一些懵懵懂懂和不情愿的证人所提供的。"(《股市晴雨表》)

盈亏的偶然性一面被强调太多，其实盈亏必然性的一面更值得我们去探究，这就是普遍规律所在，也是道氏理论苦苦探寻的东西。

第二章

汉米尔顿阐释的道氏理论

The Dow Theory Which Hamilton Interpreted

> 道氏理论的三个根本前提是:第一,主力不能主宰趋势;第二,指数吸收预期;第三,止损和仓位管理是必需的。

正如航海中的船长需要潮汐的记录一样，道琼斯平均价格指数的历史记录对于股票交易者而言也是不可或缺的。但是，只有在将35年多的股指数据绘制成直观的走势图时，我们才能方便地研究它。换而言之，形象来讲股票平均价格指数的日线走势图对于交易者而言就好比是航海者手中的航海图一般，同时航海者们还需要借助于领航员的天气预测和气压计，这些也是不可或缺的航海仪器。查尔斯·H.道和威廉·彼得·汉米尔顿两人给出了预测股市阴晴变化的晴雨表，这就是道氏理论。对股票交易者而言，能够正确运用道氏理论这个晴雨表是非常重要的，这就好比船长在航海时解读天气的**能力一样重要。**

道琼斯工业和铁路股票价格指数的每日收盘价以及纽约证交所的每日成交量是那些想要运用道氏理论预判股市和经济趋势的

> 我想要给出另外一种比喻，那就是如果说海洋是股市，那么天气和气压的变化会影响洋流的变化和航行条件，那么影响股市的"天气"究竟是什么呢？应该是基本面和心理面吧。股市自己也会影响自己形成正强化，但是这不是永动机，必然有外力给予第一次推动，这就是基本面。

道氏理论本身只强调指数价量的两个因素，但是在道氏理论的发展和完善过程中，更多的因素被考虑进来，比如市场情绪和共识预期。

价值投资者与真正的道氏理论家具有一定的共同性，他们都非常谦虚，同时也明白无法很好地把握细小的波动，更愿意去把握大的方面和主要矛盾。当然，价值投资者针对的是商业这个根本，而道氏理论则是以价量走势的研究为主。

任何理论要具有生命力都必然是与时俱进的，技术分析如此，价值投资分析也是如此，没有永恒不变的事物，道不变，但是术却需要不断地与时俱进。查尔斯和汉米尔顿，以及雷亚所处的股市与我们所处的股市有什么根本的不同吗？

人所需要的**全部数据**。

我在本章的内容中对道氏理论的相关术语和概念进行了分类和定义，这些努力被证明是值得的，对学习者和使用者非常有帮助。毕竟，无论是查尔斯还是汉米尔顿都没有对道氏理论的具体内涵进行明确的定义和说明。现在就是来完成这一任务的最佳时候了，虽然这样做可能显得**有点冒昧**。但是，我在进行这项艰巨的工作之前，已经利用道氏理论指导股票交易实践10多年了，同时对查尔斯和汉米尔顿的文章进行了若干年的研究和解读，也与全美国各地的道氏理论研习者们进行了广泛而深入的交流与探讨，他们当中许多都是成功的股票交易者。此外，为了研究股票平均价格指数的变化，我还亲手绘制了上百张的行情走势图。我这样做不过是继续前辈的做法而已，汉米尔顿对自己的每个论断都在平均价格指数上进行了相应的测试检验。为了有效地阐释道氏理论，汉米尔顿实际上花费了超过10年的时间和精力来筛选论断和整理数据。经过这些努力，道氏理论早已不是查尔斯1902年去世时的那个粗糙框架了，而是经过汉米尔顿完善和精练的**道氏理论**。

在解释和完善道氏理论模型的各个部分时，必然碰到例外的情形，研习者要想搞清楚这些例外背后的原因，最佳的做法就是在

第二章 汉米尔顿阐释的道氏理论

平均价格指数走势图上查看这些例外所处的位置，查看是不是因为自己盲目自信而滥用了道氏理论。**经过这样的学习和反思，一段时间之后，研习者就能够获得解读平均价格指数的能力。**这种能力对于股票交易者而言意味着利润，虽然这种能力和技巧不能保证百分之百的正确性，错误不可避免，时有发生。在这一点上，股票交易与外科诊断非常相似，即便一个非常优秀的外科医生也难免会做出错误的诊断。

利用道氏理论的最大陷阱在于某些初学者因为运气的缘故而得出了几次正确的结论，于是自认为发现了打败市场的秘诀，而这导致此后的分析和判断失准，误判了行情未来的趋势。更糟糕的情况是，他可能继续延续了运气，在错误判断的时候仍旧获利。无论上述什么情况发生，都是道氏理论而非滥用者成了替罪羊，**不明真相的人会抨击道氏理论本身，而事实却是因为交易者的使用环节出现问题才导致这样的结果。**

我会在后面的章节里面，详细阐释道氏理论框架中的各种构成要件和各类术语定义。光是阅读教科书是不可能真正搞清楚和掌握道氏理论的，这就像代数一样，不躬身练习，**难以摆脱迷茫的状态。**

读者想要成功有效地运用道氏理论在股市中获利就必须坚决地接受如下的一些关键

持续实践和复盘是进步的不二法门。道氏理论的三代奠基人坚持记录和复盘的习惯与投机之王 J. L. 一样，这也许就是他们在理论或者实践上成功的最大原因吧。如何复盘？大家下面好好写出一个可操作的步骤清单。

在什么样的情况下是理论本身有问题？在什么样的情况下是理论使用过程存在问题？如何有效区分两者？任何分析框架和交易理论都存在这样的区分难题。到底是使用者的问题，还是理论框架本身的问题？你如何解答这一问题呢？

有时候交易的实践让人迷惑，有时候交易的理论让人迷惑。实践中遭遇困惑的时候，理论是最好的解药；学习理论无所适从的时候，实践是最好的解药。实践无法解决实践中产生的问题，理论无法解决学习理论中产生的问题。

势可乘，不可为，更不可违！主力不能主宰趋势！

从现实的角度严格来讲，准确的说法应该是"股票平均价格指数最终会吸纳一切因素"。格雷厄姆讲了一句比较经典的话——"市场长期是称重器"，为什么他不去掉"长期"两个字？

指数吸收预期！指数为什么会这样走？这个问题经常问一下，可以帮助你搞清楚市场究竟吸收了什么消息。

既然道氏理论也会犯错，那么我们一定要做好止损保护和仓位管理。

假设。

操纵——主力能够操纵的是平均价格指数的日内波动，但是对于第二层次的次级折返而言，操作难度提高不少。但是，主力绝不可能操纵股票平均价格指数的**主要运动**。

股票平均价格指数吸纳**一切因素**——道琼斯工业和铁路股票平均价格指数是市场中悲观、乐观和金融消息灵通参与者，每一个玩家所有信息和预期的综合体现。因此，未来将要发生事件的影响，除了诸如天灾人祸之类的突发事件之外，都被平均价格指数吸收。当然，平均价格指数对于诸如地震和火灾这样突发事件进行快速评估**和吸收**。

道氏理论也会出错——道氏理论并非永远不犯错的工具，不能指望它是一个永不失败的理论。要想成功地利用道氏理论来指导投机，使用者必须认真严谨地研究这个理论，并且秉持中立客观的心态去收集所需要的数据材料，绝不能带着偏见来**进行上述过程**。

倘若没有将道氏理论框架中的这些基本前提当作数学中的公理一样接受，那么在进一步的研习当中必然掉入错误的陷阱，误入歧路必然导致懵懵懂懂。

想要从前辈的道氏理论框架中提炼出清晰的定理无疑是一项具有极大挑战性的工作，不过我已经在1925年完成了这项工作。

此后，我对研究成果进行了运用和检验，结果表明坚持这些前提是最稳妥和正确的做法，任何试图改变这些定理的做法往往都会招致失败，绝非**睿智之举**。

道氏理论模型中的三种层次运动——股票平均价格指数存在三种层次的运动。在某一时段之内，指数的走势同时包含了这三种层次的运动。第一层次的运动，也就是最为重要的运动是主要运动，或者说是主要趋势：股市处于上涨趋势或者下跌趋势，大众习惯称为牛市或者熊市，持续时间长达几年之久。第二层次的运动则是容易迷惑和误导交易者的次级折返：对主要运动处于上涨趋势中的市场而言，次级折返就是下跌运动，简称为回调；对主要运动处于下跌趋势中的市场而言，次级折返就是上涨运动，简称为反弹。这类次级折返运动持续时间往往为3周到几个月。第三层次的运动就是股票平均价格指数的日内波动，这是一类不**重要的指数波动**。

主要运动——**主要运动就是股票市场的整体运动趋势**，大众广泛提到的牛市或者熊市就是这个层次的运动，持续时间从一年到几年不等。**准确地确定主要运动的方向是投机成功的最重要决定因素**。到目前为止还没有方法能够预测一个主要趋势的**幅度和时间**。

熊市——主要运动是熊市，这样的趋势

道氏理论的三个根本前提是：第一，主力不能主宰趋势；第二，指数吸收预期；第三，止损和仓位管理是必需的。当然，这是我个人2010年12月21日的解读，里面有自己交易经验的成分，原话可以参考正文。

道氏理论的三种层次运动框架其根本意义在于区分确定性高的部分和确定性低的部分，这就是"能力圈"原则的运用。价格运动最高的层次是主要运动，也即是体现趋势的层次，这部分最容易掌握，所以是道氏理论的核心。巴菲特的价值投资围绕商业的持续竞争优势展开。

《股票作手回忆录》当中一个资深前辈有一句话甚为出名，甚有深意的口头禅："这是牛市！"言简意赅，直指核心的表达！

确认三个阶段的时候，道氏理论其实仍旧涉及了基本面的一些信息和特征。

谁说道氏理论的创始人不懂价值投资？格雷厄姆强调利用市场先生的非理性买便宜货，而道氏理论则专门指出这样的机会出现在熊市的第三个阶段。

牛市中价涨量增是普遍规律。牛市是不是一定有两年呢？结合A股大家应该自有公论。南橘北枳，要注意分析为什么会这样？

"3"这个数字在道氏理论中经常出现，这点与道家思想不谋而合，所谓"道生一，一生二，二生三，三即万物"。道氏理论的三种运动层次，牛市和熊市的三个阶段都体现了"3"这个神奇的数字。

是由长期的下跌运动和重要的反弹走势组成。导致熊市的因素在于经济上的各种问题，只有当最糟糕的情况已经被股票价格彻底吸收之后**熊市才会结束**。熊市有三个主要阶段：第一个阶段是高位追买者的希望破灭；第二个阶段是经济衰退和收入下降导致大家纷纷抛售股票；第三个阶段则是忽视股票的内在价值，恐慌地抛售那些优质公司的股票，这就是显著低估价值的阶段，不计成本抛售的人们为了获得短缺的流动性而变得**疯狂起来**。

牛市——主要运动是牛市，这样的趋势是由长期的上涨运动和重要的回调走势组成，偶尔出现的向下回调走势会中断上涨趋势运动。牛市的持续时间一般在两年以上，期间经济向好，同时股票的交易活动增加，无论投资者还是投机者都在其中大展身手，股票价格因此不断**上涨**。同样，牛市也有三个阶段：第一个阶段，大众对经济发展的信心企稳恢复；第二个阶段，上市公司盈利状况的改善和提高在股票价格上得到反映和体现；第三个阶段，经济上通货膨胀高涨，而股票市场上则投机盛行，大众的乐观亢奋情绪在推动股市的**最后疯狂**。

次级折返运动——所谓的次级折返就是牛市中的重要下跌，或者是熊市中的重要上涨。次级折返是对主要趋势的修正走势，通常持续3周到几个月时间。**这种间歇性的修正走势一般回撤到前一波主要运动的33%~66%**。这些次级折返往往让大众误以为趋势已经结束或反转，例如牛市第一个阶段的价格走势往往与熊市中的次级折返类似，因此熊市中抄底的人往往会误认为熊市结束而牛市开始了。同理，牛市中的次级折返往往也容易被误认为是熊市第一阶段的运动，从而让人误入歧途。

日内波动——如果只是根据某一日的指数波动来推断未来的走势，往往会得出错误的结论。只有当指数走势形成了"横向整理"形态之后，对未来的预判才能起**到一点帮助**。不管怎样，务必要坚持记录和研究每日的股票平均价格指数，因为日积月累下的日线走势图必然会形成某种易于辨识的形态，对于预判后市会起到极大的帮助。

两个平均价格指数之间务必相互确认——我们一定要同时考察工业和铁路股票的平均价格指数，两者必须相互确认。只有在相互确认的前提下，才可能得出可靠而准确的结论。倘若我们只依赖其中一者得出结论，而没有得到另外一个指数的确认，那么这样的结论往往是**错误的**。

趋势确认——如果上涨波段能够持续突破前期高点，而下跌波段能够在前期低点之上结束，那么这就**是牛市**。相反的情况下，

在2009年首次出版的《高级斐波那契交易法》一书当中我提出了一个精练的趋势交易模型，就是将0.618~0.382的区域定义为回撤区域，当然这是基于斐波那契法则，而这里的"33%~66%"则是道氏理论的经验法则。

孕线形态其实就属于某种"横向整理"。《黄金短线交易的24堂精品课》当中，我们利用布林带来识别和确认"横向整理"，然后在此基础上进行突破交易。由此可见，横向整理可以从价格波动率的角度来定义，可以通过布林带来直观识别，布林带收口则表明波动率下降，市场进入"横向整理"。除此之外，成交量持续收缩往往也与"横向整理"伴随而生。

道氏理论的当代衣钵传人开始加入第三种指数来确认。

简而言之，牛市就是低点越来越高，高点也越来越高，这就是向上N字结构。

如何确认趋势？简而言之就是根据N字结构。关于这点可以参考附录的《指数N/2B法则：趋势开始的确认信号》一文。其中我们将"N字结构"、估值水平、市场情绪指标、主力资金动向指标和货币流动性指标结合起来确认股市趋势的开始和结束。

"横向整理"就是我们通常所说的"成交密集区"，在道氏理论中则是特指日线上"成交密集区"。

见过好几位期货和股票市场上的高手擅长做整理之后的突破。

如果上升波段不能突破前高，而下跌波段却不断创出新低，这就是熊市。上述定义对于确定次级折返运动时非常有效，这项定义和推论最为重要的作用是可以预判主要运动或者说主要趋势的开始，**持续和转折**。出于便于探讨和操作的目的，我们将价格指数在一日或者多日内反向运动超过3%的波动看成是一个上升波段或者下跌波段。这类运动只有同时体现在两个指数上才能相互确认，不过两个指数相互确认要求的波动特征并不要求在同一天出现。

横向整理——一个"横向整理"的形态往往持续2~3周，甚至更长**时间**。在这段时间之内，两个平均价格指数的波动幅度局限在大于5%的狭窄幅度之内，这表明市场处于收集筹码或者派发筹码的阶段。倘若两个指数同时向上突破"横向整理"区域，则表明市场处于吸筹阶段，价格会持续走高；相反，如果两个指数同时向下突破"横向整理"区域，则表明市场处于派发阶段，价格倾向于继续下跌。但是，如果一个指数做出如是表现，并且未得到另外一个指数的验证，那么所得的结论往往**是错误的**。

价量关系——当股市处于超买状态时，滞涨乏力，下跌则很容易；当股市处于超卖状态时，下跌无力，上涨则很容易。牛市开始阶段的成交量较低，而过度活跃的价量出现之后牛市结束。

双顶和双底——在价格运动的预判当中,这两个形态的意义不大,市场数据表明这两者提供的虚假信息比有效信息更多。

个股——对于交投活跃和大面积发行的美国大公司股票而言,它们往往会随着大盘起舞,与股票平均价格指数同涨同跌。但是,任何一只股票都有自己的节奏和特点,因此其价格表现与指数**肯定存在差异**。

第二章 汉米尔顿阐释的道氏理论

伟大的价值投资大师邓普顿曾经有一句脍炙人口的名言:"牛市在悲观中诞生,在怀疑中成长,在乐观中成熟,在兴奋中死亡。最悲观的时刻正是买入的最佳时机,最乐观的时刻正是卖出的最佳时机。"

原文是"Individual Stocks",为什么接了复数的Stock?"个股们"?说说你的意见。

个性和共性,矛盾特殊性和普遍性,学了某些理论之后永远不能忘了个性和特殊性。另外,道氏理论主要针对指数,个股并非完全复制指数的走势。

第三章

操 纵
Manipulation

> 所有人都会认可我的说法,那就是可以操纵日内波动,却难以操纵波段运动,而市场的宏观波动则是所有利益集团联合起来也无法主导的。

主力操纵股票平均指数的日内波动是可能的，但是要想操纵指数第二层次的次级折返则很难，对于主要运动则绝不**可能被操纵**。

　　汉米尔顿本人曾经频繁地谈到股票市场的操纵现象，他认为这些操纵对于股市的主要运动或者说趋势是没有任何影响的。或许不少人对此观点会表示反对，但是大家不要忽略一个事实，那就是汉米尔顿提出上述观点来源于其丰富全面的职业经验——他与华尔街的资深交易者们过从甚密，况且他一生都致力于收集和研究金融事件和数据。

　　我随意从汉米尔顿的大量评论当中选取了一些精彩片段放在下面，从这些论述当中可以发现他对操纵的看法一以贯之，从未发生动摇和改变：

　　"只有数量有限的股票会暂时地受到主力操纵，从而导致观察者对实际情况的判断

　　在外汇市场中也有类似的情形，比如伦敦是全球最大的外汇交易中心，当地大银行的英镑交易员就习惯于操纵英镑的日内走势，具体内容可以参考本书附录《英镑择时操作法》一文。

就我的亲身经验而言，有两种理论会让人在金融市场处变不惊，淡定从容，第一种是价值投资理论，第二种就是道氏理论。在某种程度上我们可以认为两者都试图找出某种"稳定的趋势"。

为什么利益集团也无法主宰趋势，因为趋势背后的驱动力量是客观而强大的，不以任何人的意志为转移。

股票有两重属性，价值属性的一面在于商业创造的利润，筹码属性的一面在于稀缺性和题材导致的风险溢价下降。

出现错误。但是如果想要对构成指数的全部20只活跃股票进行操纵，意图导致它们的股价出现显著的变化，这是不可能达成的。"（1908年11月28日）

"**所有人都会认可我的说法，那就是可以操纵日内波动，却难以操纵波段运动，而市场的宏观波动则是所有利益集团联合起来也无法主导的。**"（1909年2月26日）

"股票市场本身比那些主力庄家和内幕人士的力量之和还要强大。"（1922年5月8日）

"一个影响广泛的错误观念不认可股市的晴雨表功能，因为这一观念认为主力操纵会导致股市出现种种无法预测的杂乱波动，因此其预测功能会大打折扣，毫无权威性和预测性可言。我之所以这样说是基于在华尔街22年的亲身经历，同时也是基于对1895年约翰内斯堡的主力们在黄金矿业股票上操纵历史的深刻了解。所有的这一切案例都表明主力操纵无法影响主要趋势运动。当然，倘若无法证明所有的主要趋势运动，无论牛市还是熊市都是由总体的经济状况导致的，那么这里的谈论也显得毫无意义。**尽管在趋势的最后阶段，情绪主导下的投机和筹码兑现行为主导了市场，但是我们不能否认整体经济状况在趋势中的主导作用。**"（《股市晴雨表》）

没有任何一种参与者可以主导股市的趋

势，即便是美国财政部和美联储联手，也无法主导股市的趋势，无法操纵40只活跃股票的走势，无法导致股票指数出现**大幅的波动**。（1923年4月27日）

菜鸟级的交易者们都认为股票市场的趋势一定是受到了某种神秘力量的影响，这种信念导致了亏损的发生，这是导致亏损的第二大原因，而交易者们亏损的罪魁祸首则是缺乏足够的耐心。菜鸟级交易者对小道消息如饥似渴，他们热衷于从小道消息传播者以及报刊媒体上面寻求内幕消息，他们认为这些传闻会主导市场的趋势。他们似乎并未觉察到，那些非常重要的信息往往在刊发出来的时候已经失去了影响力，即便它们与趋势相关，但是也被价格**完全吸收**了。

实际上，小麦和棉花等大宗商品的短期波动确实会影响相关股票的日内波动。同样，某些时候报纸的头版头条新闻会被股市参与大众理解为牛市或者熊市的信号，由此引发群体性的买入或者卖出行为，这样导致短期内股市被"操纵"的表象。职业投机客会抓住这样的机会先人一步地果断买入，而大众们却犹豫不决，轻仓尝试，等到消息明朗时，大众开始大举买入，而这时职业投机客们**却大举抛售**。如果市场处于熊市之中，那么反弹很快就结束了，市场趋势重新主导价格的运动。除非市场当时已经处于某种极

这点我并不认同，美联储的货币政策对股市是有巨大影响的，不要与美联储作对。美联储是一个理论上拥有无穷弹药的买家，这点大家可以自行思考一下，不必苟同。当然，在超长期的历史进程中，美联储的行为也会受到超级趋势的制约，比如十几年以上的时间跨度，但是几年之内的股票市场确实受到美联储政策方向性变化的直接影响。

消息传播的阶段与股市的生态金字塔层级密切相关。在获取具体消息的速度上主力和机构远胜于一般交易者，但是在趋势的认识上一般交易者可以缩小这个差距。

短线题材投机，打板一族就是这种手法。

由于通货膨胀的缘故，大家可能觉得这一数字并不算大，但如果我们考虑通货膨胀的因素，将这一数字乘以300，你可以考虑下需要多少资金了，放在今天需要大概26000亿美元。2015年下半年A股市场去杠杆引发剧烈动荡，国家队组织大量资金入场护盘，花了多少资金，是不是构筑了铁底，大家可以对照走势自己思考一番。

端状态，否则单靠那些在头版刊登的技术评论是无法引发股市显著反应的。

那些盲目相信某个主力能够操纵股价的人只要能够在这个问题上下功夫研究几天，就会发现实质，当然就会转变对这个问题的看法。我讲一个例子来说明，1929年9月1日纽交所的上市股票总值超过了890亿美元，这么大的市值要想控制其中10%的筹码那得需要多少**资金啊**！

第四章

平均指数贴现一切
The Average Discount Everything

> 股市不是为众所周知的事情所驱动而进行交易的,而是基于那些能够获得最有效信息的人的预期展开交易的。股市的所有波动都可以在未来得到合理的解释,而人们津津乐道的操纵行为其实只不过是大浪中的小浪花而已。

道琼斯铁路和工业股票每日收盘价格的平均指数贴现了所有乐观者,悲观者和消息灵通者的观点,这是一个**综合性的指数**。因此,股票平均价值指数会贴现即将发生事件的影响,但是并不包括**天灾人祸**。至于突发事件,比如天灾人祸,市场则会在事件发生之后快速对其进行评估和反应。

当菜鸟们聚在一起谈论市场的时候,总是会争论市场是否贴现了那些投机个人所预期的因素。就道氏理论而言,这是一个不证自明的公理,毋庸多言。接受这一前提是成功运用道氏理论进行交易的关键,如果不接受这一前提那就最好不要在股市上**运用这一理论**。

这个前提不用过多论述和争辩,因为无论是查尔斯还是汉米尔顿都有非常多的清晰论述,这次论述跨越了长达30多年的时期。

"股市折射出所有人对国家经济前景的

本章其实讲的是"预期"这个最容易为初学者忽略的因素,决定股票涨跌的不是历史,而是预期,所以我们分析时应该以前瞻为主,回顾也是为了更好地前瞻,切不可陷入直线预期的窠臼。

指数的运动贴现了未来的预期之事,但是这个贴现过程并非一步到位,这就是理论和现实的差距。任何交易者都是抓住了这个差距来获利,无论是投机者还是投资者,都是因为看到了众人尚未看到将要看到的驱动因素。

长期而言,股市是一个称重器,道氏理论其实有一点这个意思。所有信息最终都会在指数上得到反映,这其实也是市场有效理论的一个重要观点。长期来看市场是有效的,而短期来看市场是无效的,正是这一对矛盾让理性的交易者有机可乘。

道氏理论：顶级交易员深入解读

> 道氏理论的巨擘们也同价值投资者一样，认为股价最终是公司经营状况的体现。

观点，我认为反复强调这一点并不过分，非常必要。面向农民销售农用机械和器具的上市公司对农民情况的了解比农民自己都还清楚。将范围扩大，那些满足条件挂牌上市的公司，他们涉及国家经济的各个领域和部门，比如煤炭、钢铁、钟表制造等，这些行业的所有信息和相关观点都会折射在公司的股价上。华尔街上那些投资银行家们当然也非常清楚行业的经营状况，这些公司的经营状况和债务情况都会反映**在股票价格上**。"
（1921年10月4日）

"平均价格指数会贴现一切好消息和坏消息，诸如农作物产量预报和潜在政治事件都会被指数贴现。因此，平均价格指数非常值得我们研究，通过这个工具得到的预判信息是其他途径无法比拟的。"（1912年5月2日）

> 金融标的被预期所影响，我们要前瞻才能把握股价走势，但是大众却往往被过去和当下的事情所影响。

"缺乏经验的市场观察者会不断惊讶于市场不对突发的重要事件做出反应，似乎事件的影响不太明确。无论如何，市场走势体现的是预期而非历史，股市的价格运动是前瞻性的。当出现某些事情的苗头时，纽交所的股票就会对此做出**相应的反应**。"

"股市作为晴雨表是公平的，因为每一笔交易都是相反的观点促成的，而相反的观点在某一个点位达成一致，这就是公平的体现。晴雨表的定论是全部股票交易者的意愿

和观点的综合。而国家经济的整体走向则需要综合考虑所有人拥有的信息和观点，这样才能正确地预判未来。这个过程倒不像缺乏责任心不断无理取闹的社团，而更像是认真负责的陪审团，所有成员坐在一起努力寻找经得起推敲的证据，这比律师和法官提供的意见更为重要。"（1926年3月29日）

"**股市不是为众所周知的事情所驱动而进行交易的，而是基于那些能够获得最有效信息的人的预期展开交易的。**股市的所有波动都可以在未来得到合理的解释，而人们津津乐道的操纵行为其实只不过是大浪中的小浪花而已。"（1913年1月20日）

下面则是查尔斯在1901年撰写的一篇股市评论文章的摘录：

"股市好比一个在空中四处飘浮的气球，好像难以捉摸和预测。但实际上股市代表了那些消息灵通和见微知著人士的看法，他们具有远见卓识，而且严肃认真地进行思考，从而将未来的价值贴现到现在，这就形成了股票的趋势运动。**伟大交易者们所关注的不是现在的情况，不是简单地断言股价会不会上涨，而是设想在目前水平买入半年之后能否吸引大众在比现价高10%~20%的点位接盘。**"（1901年7月20日）

"**大众接触的一切信息，即便是与财经关系不大的信息都会流向华尔街，而股票市**

道氏理论有效的前提是市场在中长期是有效的，因为经济具有中长期的趋势，而市场有效地对此加以贴现，这就使得市场本身也呈现出了中长期的趋势。

先知先觉很重要，先知先觉未必就是信息上的优势，而往往是对大势的洞察力。如何洞察大势，其中是有可操作性的步骤的。大众的共识是行情的滞后指标。从什么渠道获悉大众的共识呢？参考《股票短线交易24堂精品课》的第十课"市场心理法则和各种魔咒：反常者赢和一叶知秋"。这本书是股票投机的综合性专著，内举不避亲，大家可以先找来看看再决定是否购买。

聪明资金的预期与大众的共识之间存在一个差值，而这个差值往往就是行情的趋势方向。聪明资金的看法和动向怎么了解和掌握呢？推荐上面这本综合性专著的第七课"国家队法则：社保和中金的动向"，第十二课"热门板块排行和行业关注度"，第十三课"主力资金动向和群运动"。

半年后，有什么强大的理由可以让大众蜂拥买入？这是主力做盘前考虑做多的问题。题材可以借力，大盘可以借力，业绩可以借力，主力希望能够取得这些因素的合力，而不是强拉硬拽，最后自己站在高岗上。就算你本事再高，如果缺乏任何题材和业界的支持，光靠高超的手法操纵，往往也会被监管层盯上，制造妖股的"莽庄"大多没有好下场。

经济未来的变化涉及整体业绩，无风险利率，风险溢价，而这三者直接关系到股市的趋势。

不久之后，不知道这个望远镜有没有看到"大萧条"的到来？

持续而显著下跌之后，利空不跌表明股指已经完全吸收了利空消息，除非有新的重大利空，否则股指不会进一步下跌。

共识预期如何？无论是投资还是投机都需要时刻考虑这个问题，不知道对手的心理不可以做交易。

场则通过自身的波动来贴现这些信息对价值的未来影响。"（1929年5月29日）

"我们需要反复强调一点，那就是股票市场在应付突发事件时会出现次级折返，我们切不可因为当时的短暂反应而误判趋势，因为市场的趋势总是根据对未来的整体预期形成的。"（1922年9月25日）

"投机就是前瞻经济未来的发展**变化**。"（《股市晴雨表》）

1927年春季，股票市场的牛市已经持续了6年，雷亚当时的评论是："股票平均价格指数预示着经济在未来数月仍将保持繁荣的状态，贸易繁盛，繁荣持续的时间将如我们能在最好望远镜中看到的**一般远**。"（1927年4月23日）

当整个股市在1921年创出低点时，为什么没有进一步下跌，为什么当时的利空消息并未促使股指进**一步下跌**？原因如下：

"当预期之外的突发事件来临时，大众会变得恐慌，不过历史表明股市的大趋势很少受到突发事件的影响。而现在所有利空消息及它们的重要性都被大众广泛知晓，但是驱动股市交易的并非现在大众已经知道的情况，而是专业人士基于知识和工具对未来数月情况的综合预判在**驱动股市**。"（1921年10月4日）

"股市以前的每次下跌都可以得到随后

经济形势的**完美解释**。"（1926年3月8日）

"股市的整体方向或者主要趋势被中断的时候，往往会出现某种迎合和丰富大众想象力的解释，这是一个非常有意思的特点，我们可以从中得到一些有**用的经验**。"（1927年8月15日）

"**华尔街常说：消息公布之时，相关的股价运动也就结束。聪明的筹码持有者和投机客们在交易时并非根据众人皆知的事情，而是基于他们独有的信息和对未来的预测。**经济往往会在股市大幅下跌半年之后才会出现萎缩，同样在经济复苏前半年股市已经出现了上涨，尽管那时经济并未有起色。"（1906年6月29日）

"股市的上涨会给经济的发展树立信心，但是这并非主要的。更为重要的是股市是经济的晴雨表，股市的变化并非基于当前的新闻和信息，而基于财经智者们对前景的综合预期。"（1922年5月22日）

曾经有一位美国的金融巨擘对汉米尔顿说："倘若我能够知晓股市运动中隐含信息的一半，那么我就完全能够自信地宣称比华尔街的任何人具有绝对优势地位。"

"不过，任何观点都不能推论到极端，这就好比树木再怎么生长也不会长到天上去。股市是贴现了一切因素，这是事实啊，但这并不意味着股市可以预测到三藩市大地

股市的走势往往领先于经济，但是这条规律却往往被某些股评人士忽略，所以你在媒体上经常可以听到某位股评人士建议最好等到经济有起色了再买股，其实这是完全外行的说法。股市见底的时候，不是经济已经开始复苏的时候，而是经济处于衰退后期的时候。

一条假设是否是事情发生的真正原因和本质，必须经由严密的批判和分析才能确认，不是说找一条理由就完事了。股评也要看，但是要带着逻辑思维去看。

价格走的预期，未被预期到的事件则会在发生后被价格迅速贴现。这点在外汇市场体现得比较直接和明显，因为外汇市场对全球事件和信息的反应更为及时。

社会发展贴现了一切人类的能力和利益，股指的波动则贴现了一切的预期和影响。

股市贴现了未来的发展和现在事件对未来的影响。

震，北太平洋的海啸，以及世界大战。当这些突发事件发生后，股票市场会快速吸收其中蕴含的信息，在大熊市来到之前这些事件的未来影响已经被贴现**到了股价中**。"（1927年7月15日）

"可以将华尔街当作财经知识和信息的大数据库，这个假设是完全贴合实际的，这就是股票平均指数蕴含的信息超过任何人的原因，也是即便最有实力的庄家也无法操纵**指数的原因所在**。"（1927年10月4日）

研习道氏理论的应该接受这一假设，即股票平均价格指数能够预测到未来发生的事件，并且能够正确评估其影响，做到这一点极其重要。那些想要在股市逐浪而行的人，应该明白道氏理论这部分内容的价值**巨大**。

以实例来证明道氏理论这部分内容的价值所言不虚，近期一个典型的例子是1931年股市长期大幅下跌，这次下跌的幅度是历年最大的。在这段时间之内，股票平均价格指数一直在评估和贴现全球政经问题的严重影响，特别是英国放弃金本位制，银行倒闭潮，以及铁路公司破产潮，巨大财政赤字导致的加税必要性。这波下跌在6月止步，出现了一波次级折返层次的反弹，这是空头平仓，以及非理性的抄底者引发的，因为大众受到了新闻媒体乐观舆论和胡佛总统的债务展期政策的支持。

第四章 平均指数贴现一切

股市的熊市在 10 月再次中断，出现了反弹，对于这次次级折返的公认解释是纽交所限制了做空，导致空头平仓，进而引发了反弹。同时，一个手法高超的主力使得小麦也出现了投机性的飙升。全国的新闻媒体都为之一振，将这个单纯的投机性飙升当作是商品下跌趋势的反转。正如一再发生的情况那样，大量的盲目乐观的人上了当。正如意料一般，这个次级折返在正常的时间结束了，然后熊市再度笼罩，价格不可避免地创出新低。事实上，即便小麦没有出现拉升，市场也会发生意料之中的反弹。就算没有商品上涨提供的看涨理由，大众也会寻找一些其他理由来为买入提供支持。"平均价格指数是公正不偏的，它综合了所有参与者对基本面形势的预期。"

平均价格指数能够贴现未来，这是道氏理论的要旨之一。虽然读者会觉得我反复强调这点显得啰嗦，但是下面我还要不厌其烦地多引用一些评论片段：

"我总是要经常谈论到股票平均价格指数贴现一切的主题，诸如市场交投、基本形势、股息、利率政策、政治等因素都会反映到指数上。正因为它是平均价格指数，所以各种因素影响最终都会不偏不倚地反映到它身上，指数是最好的总结。"（1912 年 3 月 7 日）

> 趋势之所以难觅把握，走势之所以容易迷惑人，原因在于次级折返与日内波动的存在。

> 市场上密集出现大股东减持和管理层减持往往不是好事。

"平均价格指数被认为是排除了个体的一孔之见和主观判断，它最终将政治，资金，农作物状况等所有一切因素纳入考虑。"（1912年4月5日）

"某个制造业的大公司觉察到经济前景黯淡时，就会减持股票，**以便维持自己在衰退时的良好资金状况，而这是千万个卖出者之一**。股市总是在真正的经济下行之前发生下跌。"（1924年7月15日）

"股市体现了各种预期和事件的影响，而每个参与者只对一部分事件有所了解。"（1924年7月15日）

"股市晴雨表会考虑企业的资金状况，炼钢高炉的生产情况，农作物的产量预期，谷物的价格趋势，银行信贷，商业库存，政治动向，国际贸易，工资水平，铁路运输量等许多因素。股票平均指数的波动就是对这些因素公平反映的结果，没有的单一因素能够完全主宰市场。"（1924年7月5日）

> 股市能够高效地预测战争是否发生，但是并非完全正确。出乎意料之外的开战会被股市迅速贴现。

"股票市场预见到了第一次世界大战，股指在1914年之前的表现体现了这点。"（1925年3月16日）

"我在进行这些研究的时候，我们宁可选择忽略掉诸如国家经济、贸易情况、农作物产量、政治动向等方面有可能对日内波动产生影响的消息，因为某些消息对股票市场的日线波段影响不大，对于趋势则几乎毫无

影响。对股票平均价格指数的长期分析表明，这一指数贴现了所有一切因素，而且如果对那些短期影响因素置之不理的话，则指数可以成为值得信赖的股市指南。"（1911年7月14日）

不是说这些因素不能影响长期趋势，而是说这些范畴内某些只具有暂时影响力的因素。

第五章

道氏理论并非完美
The Theory Is Not Infallible

> 他们从不在每日开市时紧盯价格的波动,不是靠着解读报价纸带来操作,而是去交易市场的重大运动,他们可从不在乎几个点的盈亏。

道氏理论并非是万能不败的神器，如果要想这一理论对股票交易发挥积极作用，使用者必须严谨认真地研习它，并且公正客观地收集各种数据和资料，而不能将自己的主观愿望**掺杂其中**。

要扼要而系统地论述道氏理论的实践和运用，要求我们先进行广泛的总结和归纳，但是这项工作现在差强人意。虽然这样，道氏理论的定义和归纳却比其他各种与实践密切相关的学科更为容易。但是我们却并不能掉以轻心，试想一下，如果一个外科手术医生虽然扼要地列出若干条外科手术的基本原则，但是一个银行家能够仅凭着这些基本原则去给一个股票经纪人做阑尾切除手术吗？肯定不行！因为外科手术是一门与实践紧密相关的学科，它是建立在无数例手术实践的基础上。再举一个例子，那就是飞机成功安全着陆也是一门实践性很强的学问，一个驾

要想正确地使用道氏理论最为重要的是搞清楚道氏理论的几个前提，我认为其中最为重要的前提是道氏理论是对中长期走势的研究，而非日内波动的研究。道氏理论坦诚对于日内波动的把握它并不擅长，这是它能力之外的事情。

技术分析似乎具有很强的数学属性，而这点导致不少研习道氏理论的人想要将其变作一门精巧的定量科学，但是道氏理论的三代奠基人是非常反对这点的。因为道氏理论与其说是一门理论性较强的学问，不如说是一门实践性较强的技术。

对市场的准完美分析一定是基于博弈论的，而非统计学的。

驾驶技术娴熟的聪明飞行员能够不假思索地列出安全着陆的基本原则，但是如果某位银行家想要按照这些基本原则来驾驶飞机着陆的话，肯定是凶多吉少，最终是救护车上场的画面。原因何在？或许是这个临时上场的银行家无法很好地理解着陆的基本原则，忽略了逆风下飞机着陆需要放下相应的机翼板。但是，对于银行家而言，他可以毫不费力地写出决定债券利息的公式，而外科医生、飞行员和股票经纪人却能够从死板的公式中得出正确而精确的数字，这就是正确的答案。不过，道氏理论的实践性属性很强，因此并非精确无误，这与债券利息的计算公式不同，有外科手术和飞机驾驶倒有**几分相似**。不过，如果你能够恰当运用，那么效果将会是不错的。恰当运用道氏理论的前提是什么呢？那就是严谨认真地持续研习道氏理论。

汉米尔顿在其道氏理论专著中语重心长地指出："道氏理论的预测功能并非毫无瑕疵和缺陷，更为准确地讲，这门新兴的学科离完美还有很**远的距离**。"

股票平均价格指数的研习者们往往受到主观愿望的干扰，他们在市场飙升时追涨，而一旦碰到显著的次级折返，也即是大幅回调，则保证金岌岌可危，这时候他们会反过来指责道氏理论是错误的。他们自以为在按照道氏理论的指导行事，因为他们根据手中

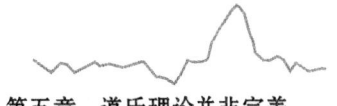

第五章　道氏理论并非完美

的指数走势图和标注的支撑阻力点位来操作。殊不知，这并非道氏理论本身的错误，因为道氏理论的牛市买点要么是熊市结束时，要么是上升**开始时**。

此外，某些道氏理论研习者将该理论运用于日内交易，当然会遭受不可避免的损失。

还有一类交易者，他们别出心裁地从那些准确率低但又十分重要的统计部门获得灵感，坚持把诸如货物运输量、利率等经济数据与道氏理论掺和在一起。这样的做法就好比专业气象预报员一样，基本上靠运气，但是大多数时候都会撞上霉运。倘若这些交易者能够清楚之前提到的一个基本事实，即指数贴现了一切经济数据，那么他们就不会犯**这样的错**了。

研习者们经常问到一个问题："倘若对道氏理论有正确的理解，在此基础上择时交易，那么胜算率有多高呢？"我认为对于任何盘感和智商处于平均水平的交易者而言，如果以道氏理论为指导耐心地去研究平均价格指数，那么在一个完整的牛熊周期中，胜算率至少应该有70%。更为重要的是每笔盈利的幅度会远远大于每笔亏损的幅度。还有部分人的交易绩效将超过这一水准，但是他们的交易频率更低，很少超过5次。**他们从不在每日开市时紧盯价格的波动，不是靠着解读报价纸带来操作，而是去交易市场的重**

准确来讲道氏理论的买点有两大类：第一大类是刚刚突破前高，第二大类是回调结束，也即是上升回撤后企稳又开始拐头向上。

其实，道氏理论的当代大家中有几位预判水平极高的人都是加入了货币流动性指标的，其实股指对一切信息的贴现是存在时滞的，否则这就是完全有效的市场了，那么任何交易价格对于交易双方来说都不存在盈利空间。

忽略掉微小的波动，交易那些重大的行情，在这点上道氏理论与 J.L.不谋而合。雷亚这本书出版的时间大概也是 J.L.巅峰时期，两者总结出来的基本原则惊人的一致。

每天这个市场上的噪声太多，各种市场观点不断地引诱我们草率行事，如何隔绝这些噪声的影响呢？抓大行情为主，降低交易频率，耐心等待交易机会。

存不存在，一线交易者应该对此说法有保留。不过，道氏理论一直在传递一个哲学，那就是舍而能得的哲学，只有忽略掉日内的微小波动，才能抓住大的强势和行情，自然才能挣到大钱。

非理性的行为被消灭掉了，那么金融市场也就不存在了。任何交易都是观点对立双方的交易，当所有人都持有一样的观点时，交易如何能够发生呢？当市场中一两个人能够完全解读和捕捉一切重大趋势时，"韭菜"的生长速度肯定跟不上，最终就是金融市场生态链的崩溃。

大运动，他们可从不在乎几个点的盈亏。

我们这些宣称通晓价格波动的人心里都清楚，道氏理论纵然也会判断失误，但是其可信度仍旧大于最优秀交易者的盘感。懂得运用道氏理论的人都明白，在交易中亏损并非太过于信任道氏理论，而是对其的信任度还不够。

我们假设根据道氏理论推断出了进场时机，然后介入交易，但是这笔头寸出现了大额的亏损。导致亏损的原因有两种可能，第一种是交易者错误解读了信号，这属于道氏理论运用不当，还有一种可能则是道氏理论本身导致了判断失误。一旦出现了超额的亏损，交易者就应该果断止损，接受止损，出场观望为宜。耐心等待市场重新发出进场信号，当你能够清晰解读时**再入场交易**。

某些投机客，恰当地讲应该是赌徒，执拗地去寻找指数日内波动细节的客观规律，其实这样的规律根本**不存在**。

任何一个头脑清醒的人都会明白一个简单的道理，那就是如果道氏理论被广泛奉为普遍的绝对真理的话，那么有一两个人能够永远正确理解道氏理论的含义，那么这类赌博性的投机行为**就会被消灭掉**。

汉米尔顿本人在 1926 年解读股指的时候就犯了一个错误，他将牛市中的回调当作熊市的开始。道氏理论的研习者们应当仔细学习 1925 年秋季后一年的股指走势图，将其作为解读陷阱方面的例子来学习。我认为当时的汉米尔顿主观地认为熊市应该出现了，而这导致了他错误解读当时的股指走势图，这个实例当中他没有坚信道氏理论本身，而是被自己的主观判断所误导。

有一轮牛市开始于 1923 年夏末，然后以通常的面目在 1924 年延续。从 1925 年 3 月下旬到 1926 年 2 月 26 日这段时间，股市走势波澜壮阔，几乎没有任何回调出现。从这轮上涨的幅度和持续时间来看，后续的下跌幅度也不会小。回顾一下 1897 年到 1926 年的指数历史走势，可以发现这轮上涨的持续时间已经达到历史统计得出的水准了，虽然工业平均价格指数创出了历史新高，**但是信贷是收紧的**。考虑这些因素之后，即便是一个再坚信道氏理论的人也会动摇，继而误读股价指数，认为牛市将要终结，因此汉米尔顿所犯的错误实在是情有可原。

对汉米尔顿这次犯错的来龙去脉深究下去是有意义的。他在 1925 年 10 月 5 日的评论中指出："工业股票指数的 20 只成份股的利润率在 4% 以下，人们是抱着美好的成长预期来买入股票的，并非是根据现在的价值。"汉米尔顿还指出："不管怎样，按照正确的方法来解读股票平均价格指数都会发现牛市仍然是主导，不过应该提高警惕了。"

形而上学地看，信贷收集都是利空的，但是这种观点并不符合实际。经济从复苏走向繁荣的时候，央行会持续加息，这个时候加息不能简单理解为利空，反而是越加越涨。只有到了滞涨阶段，也即是上市公司整体业绩见顶的阶段，这个时候的加息则是利空的。同样，在衰退初期，央行的持续降息行为其实是利空的，只有到了衰退末期的最后一两次降息才是利好的开始。这方面的内容较为复杂，要想深入理解这点，建议参考《股票短线交易的 24 堂精品课》的第一课"跨市场分析：实体经济的圆运动和金融市场的联动序列"，第二课"流动性分析：人民币的近端供给和美元的远端供给"。补充一种情况，就是当诸如量化宽松出现时会出现所有资产同时涨价的情况，这种资产重估行情确实依赖于流动性本身，一旦收紧，有无业绩复苏迹象，资产价格都必然转折向下。

只要你通读了汉米尔顿的整篇文章，你就会发现虽然他虽然觉得市场要转熊，但是从股指走势上根本找不到任何客观的证据。汉米尔顿给自己的看空观点找来一些理由："这回可能是古老的双顶模型发挥作用的时候，具体而言就是收盘价一触即到9月19日或者9月23日的高点，两个指数就会下跌。"这个理由和结论显得非常唐突，因为汉米尔顿本人就曾经说过双顶和双底并未被证实为有效。

1925年11月9日汉米尔顿以下列的文字作为股评文章的结尾："迄今为止，从道琼斯指数得出的所有结论都表明牛市仍将持续，期间不过出现了一些回调，熊市的征兆并未出现。"但是，在这篇文章的其他地方他又自相矛盾地指出："不久之后，或许是明年，市场的投资和投机资金会出现紧张，而股票市场会首先对此做出反应。当全国人民都在阔论繁荣时，熊市将会**来临**。"显而易见的是，汉米尔顿持有的熊市观点只是他个人的主观看法，与道氏理论并不相关，如果他能够等到平均价格指数出现道氏理论认可的信号，那么他的预测结果可能就会**更加合理**。

1925年11月19日，股市出现了显著的回调，汉米尔顿再度提醒他的粉丝们注意双顶的出现，意味着一旦这一信号出现那就意

汉米尔顿除了道氏理论之外，还比较注重整体流动性和共识预期，不过雷亚认为这些因素无须考虑。

把流动性、共识预期与道氏理论的市场结构结合起来认识市场就是我们的驱动分析，心理分析和行为分析的综合流程了。

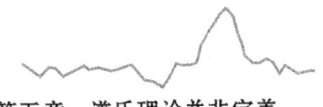

第五章 道氏理论并非完美

味着股市见顶了，上升趋势结束。不过，到了 1925 年 12 月 17 日，汉米尔顿则完全根据道氏理论对指数运动做出了更加清晰的解释："肇始于 1923 年 10 月的牛市，目前仍旧处于运行之中，而工业股票指数现在的回调还未结束。"虽然根据道氏理论分析起来牛市并未结束，但是汉米尔顿还是提醒大家要密切关注指数，因为他主观上觉得**价格太高了**。

> 价格绝对的高低并非是趋势的指引，反而是辨明趋势的陷阱。

1926 年 1 月 26 日，工业股票指数出现了令人瞩目的双顶形态，但是并未得到铁路股票指数的确认。毕竟，汉米尔顿曾经多次告诫研习者们，一个指数得出的结论如未得到另外一个指数的确认，则基本上是错误**的结论**。

> 比如，期货中的油脂品种之间相互确认突破的有效性。

1926 年 2 月 15 日，汉米尔顿再次提到双顶，他推论，如果前期高点不能被有效突破，然后下跌，那么熊市就降临了。3 月 5 日，工业股指数相对前期高点下跌了 12 个点，而铁路股指数相对前期高点下跌了 7 个点，汉米尔顿宣布："根据对过去 25 年指数走势历史的研究，我认为牛市结束的迹象已经显现了。"（1926 年 2 月 15 日）

3 月 8 日，汉米尔顿又大张旗鼓地在市场接近顶部时宣布了股市的趋势反转，他的依据是重要的双顶反转出现。他补充道："有一点非常肯定，即未来股市将步入**下降**

> 道氏理论与其他技术分析手段有无必要结合，如何结合，这是汉米尔顿面临的重大挑战，也是我们面临的重大挑战。雷亚的基本观点是没有必要结合。

053

趋势。"

结合指数走势图可以发现，汉米尔顿这一系列见顶评论发表于股市步入上升阶段的时候，这轮牛市最终持续到了1929年。这些评论的误导导致按此操作的投机客们遭受巨大的损失，特别是那些笃信汉米尔顿的铁杆粉丝们。为什么会出现这些错误呢？显然是汉米尔顿在道氏理论之外加入了太多主观的东西，他过于相信自己的主观判断了，对于价格平均指数的信任度不够。通过引入双顶，汉米尔顿扭曲了指数来适应自己的主观看法。这是他唯一一次引入双顶模型，但却导致他铸成大错。另外，他不愿意正视或者说忽略了指数走势的事实，当时工业股指数上涨了47.08点，而铁路股指数也上涨了20.14点，上涨过程中并未出现显著的次级折返。按照汉米尔顿对道氏理论的阐释，正常的次级折返应该在前一波主要运动幅度的40%~60%。当工业股指数下跌26.88点，而铁路股指数下跌10.71点时，汉米尔顿认为熊市来临了，其实这只不过相当于前一波上涨幅度的55%和53%，完全在正常的次级折返幅度区间中。总而言之，如果汉米尔顿完全信赖和恪守道氏理论的话，那么就不会错把正常回调当作趋势反转了。

第六章

道氏理论的三种运动层次
Dow's Three Movements

就道氏理论而言，我们需要铭记三种运动层次，第一层次是股市整体上涨或者下跌的走势，持续1~3年；第二层次是次级折返，是对第一层次运动的修正，例如上涨趋势中的回调或者是下跌趋势中的反弹，持续数日到数周，长度不等；第三层次是日内波动。这三种运动层次同时存在于股指的运动中，这就好比大浪中夹带着回撤波浪奔向岸边。换而言之，次级折返是对主要运动的修正和暂停。就算我们能够对走势有所影响，客观规律仍旧主导着走势本身。

股票平均价格指数的运动划分为三个层次，在某一段时间内或许同时包含了这三种层次的运动。第一层次，也即是最为重要的运动层次是主要趋势运动——股市呈现牛市或者熊市，也就是整体上涨趋势或者下跌趋势，持续数年时间。第二层次，也即是最误导交易者判断的运动层次是次级折返运动——上涨趋势中，次级折返是回调，下跌趋势中，次级折返是反弹，这一层次的运动一般持续3周到数月不等。第三层次，也即是最不重要的运动层次，就是平均**指数的日内波动**。

每一个驾驶员都应该不会忘记第一次学习开车的经历，那时候手忙脚乱。教练会坐在学员的身边，要求学员把路况观察与刹车或者油门的操作结合起来流畅地完成。随着不断熟悉和养成习惯，对刹车和油门的使用已经变成了条件反射。研习者在刚接触道氏

最初的道氏理论，也就是狭义的道氏理论是围绕指数趋势展开的，但是这些原理可以推而广之，所有品种和标的，只要有足够大的流通筹码，都可以利用道氏理论的基本原理来理清趋势。

理论三层次运动模型的时候也会有同样的表现，运用起来手忙脚乱。但是，只有坚持下去，迟早一天对三层次运动的识别和运用能力将变成本能反应。次级折返就好比是刹车起到的作用，对趋势运动的速度进行调节，抑制超速行为发生。而股市的日内波动就好比是油门，在某些交易日，日内波动与基本趋势或者次级折返同向，而在其他交易日，则可能反向。

我会在后面的章节逐一解释三种运动层次，毕竟对每种运动层次的透彻掌握对于有效利用道氏理论非常关键，所以我在这里先引用一段汉米尔顿的相关原文：

"就道氏理论而言，我们需要铭记三种运动层次，第一层次是股市整体上涨或者下跌的走势，持续1~3年；第二层次是次级折返，是对第一层次运动的修正，例如上涨趋势中的回调或者是下跌趋势中的反弹，持续数日到数周，长度不等；第三层次是日内波动。这三种运动层次同时存在于股指的运动中，这就好比大浪中夹带着回撤波浪奔向岸边。换而言之，次级折返是对主要运动的修正和暂停。就算我们能够对走势有所影响，客观规律仍旧**主导着走势本身**。"（《股市晴雨表》）

在另一篇文章当中，汉米尔顿再度对三种运动层次做了阐释：

艾略特波浪理论当中也有驱动浪和修正浪之分，这与道氏理论不谋而合。

第六章 道氏理论的三种运动层次

"股市运动中蕴含着整体的趋势运动，具体而言就是上涨趋势或者下跌趋势，持续数年之久，很少短于一年；往下是短期的市场波动，持续 1~3 月不等。这两种运动交替出现，它们同时被日内波动复杂化，而后者则是股市航行者在危险水域需要考虑的第三层次运动。"（1909 年 2 月 26 日）

25 年前，对三种运动层次的描述是这样的："股市中存在三种层次的运动，它们同时发生，第一种是日内波动，主要是大资金交易者造成的，这是第三层次的市场运动；第二种则是次级折返，持续 20~60 天不等，体现了市场投机心理的变化；第三种则是最重要的运动层次，往往持续数年不等，**源于股票内在价值的趋势性变化**，这是第一层次的市场运动，被称为主要趋势运动。"（1904 年 9 月 17 日）

1914 年有一些相关的扼要解释："查尔斯·H·道的理论多年来已经为市场观察所验证，现在可以对这一理论再度解释一番——市场同时存在三种层次的运动。第一层次是重要的趋势运动，持续至少 1 年以上；第二层次是牛市中的回调或是熊市中的反弹；第三层次则是股市的日内波动。"（1914 年 4 月 16 日）

> 主要运动取决于股票的内在价值，属于驱动层面；次级折返取决于市场情绪和心理，属于心理层面；日内波动取决于资金博弈，也属于心理层面。

第七章

主要运动

Primary Movement

> 你必须永远铭记,在股市运动中有一个主流,同时还有许多旋涡和回流,这些支流的任何一方都有可能在某段时间内,比如一天或者一周,被误认为是主流。

主要运动体现了股市的整体趋势，具体而言就是牛市或者熊市的体现，持续时间从1年到数年不等。**正确地确认主要运动的方向是股票投机成败与否的最关键步骤**。至于主要运动的持续时间，现在并无可靠的**预估方法**。

"估计主要运动持续时间和幅度极大地增加了道氏理论的预判价值。但是，没有准确的公式来精确地规定主要运动的幅度，正如主要运动想要预测的经济扩展和收缩幅度也不能用公式精确预测一样。"（1924年3月10日）

那些抨击道氏理论的人有时会抱怨道氏理论既然有用，就应该能够预测出运动的点位目标和持续时间。倘若按照这样的逻辑去强求，那么我们对气象局也应该提出这样的苛刻要求，让他们告诉我们何时会有多厚的积雪，以及炎热酷暑的精确**持续时间**。因

> 顺势而为，这句话是一句"烂话"，聊胜于无，因为明白的人无须这句话，不明白的人讲了这句话也只停留在抽象的道理上。如何确定趋势？这个问题才是落地的关键。

> 天气预报的准确度和紧密程度其实是在不断提高的，作者提到的天气预报水平还是"二战"之前。

此，道氏理论正如天气预报一般，是一门实践性很强的理论，远达不到精确的完美程度，或许永远也达不到这样的精确程度。不过，我们习惯于天气预报的不精确和局限性，对于道氏理论难道就不应该宽容一点吗？

对于解读平均指数的菜鸟研习者而言，非常容易将次级折返运动当做主要趋势的转折。此种情况下要想正确地解读市场结构是非常困难的，存在极大的挑战，不光是初学者，专家也莫不如此。不过，如果能够坚持刻苦学习和认真研究，那么就会培养出能胜任市场变化的能力。倘若我们搞不清楚市场的变化实质，那么就应该老实地静观其变，直到股票平均价格指数的走势形态给出清晰明了的信号，这样我们再入场交易。不光是我们，连大师级别的汉米尔顿也曾经对走势感到困惑过。对于这种市场出现的疑惑，汉米尔顿给出了一剂良药："你必须永远铭记，在股市运动中有一个主流，同时还有许多旋涡和回流，这些支流的任何一方都有可能在某段时间内，比如一天或者一周，被误认为是主流。股市运动本身就是其未来走向和经济前景的晴雨表，不存在毫无意义的显著运动，只是这些运动的本质需要运动完成之后一段时间才能明了，但更常见的情况是本质和原因永远被淹没，我们永远无法得知。如果对于运动的原因了如指掌，中肯地讲你会发现每一次波动都是**合理**的。"（1906年6月29日）

> 任何波动都是有原因的，这个原因来自驱动因素，或者是心理因素，后者包括预期和资金流动。

第八章

熊　市

Primary Bear Markets

> 当时成交清淡，市场横向整理，利空完全被市场忽视，也没有下跌途中的像样反弹，所有这些都表明最坏的时候已经过去了，此外，指数的日内波动特点也证明了这一结论。

主要运动或者说主要趋势运动是处于熊市的市场，其构成是长时间的下跌运动与重要的反弹运动。各类经济问题导致了熊市的产生，只有当最糟糕的事件和数据都已经被市场彻底贴现之后，熊市**才会终结**。熊市划分为三个主要的阶段：第一个阶段，股价滞涨，追高买入股票的人的希望破灭；第二个阶段，经济衰退，业绩下降，收入减少，看到这些特征的人卖出股票；第三个阶段，大众处于恐慌抛售之中，完全无视股票的内在价值，不顾一切卖出股票，这种疯狂的抛售行为体现了对流动性的饥渴，大家为了得到现金，不断变现手中的资产，包括**股票资产**。

汉米尔顿在1921年曾经指出在此前的25年当中，牛市的平均长度是25个月，而熊市的平均长度是17个月，简而言之，熊市的平均持续时间是牛市**的70%**。

利空出尽，下跌趋势结束。那么，什么叫利空出尽呢？首先，利空兑现未必是利空出尽。关键在于"尽"这个字。我在做交易的时候，会思考一个问题——"还能更坏么？"如果答案是"不能"，那么我就会抄底做多。

风险厌恶情绪高涨的时候，大家都会追逐高流动性的资产，抛弃低流动性的资产。

是不是所有股市都是这样呢？A股过去20多年的波动特征都是熊长牛短。据说这是新兴市场的特征，也就是所谓的投机力量发达的市场类型，散户为主，炒作主导，经常盛宴之后，鸡毛遍地。

道氏理论：顶级交易员深入解读

"3"是一个在道氏理论中占据了核心地位的数字，比如三个运动层次，三个阶段等。道生一，一生二，二生三，三即万物。

上涨过程中换手率高，一方面是稍有上涨就会有兑现利润的强烈愿望，另一方面则是场外的人生怕错过了赚钱的机会。下跌过程中换手率低，一方面是浮亏的人不愿意止损，另一方面是持币的人因为怕亏不愿意入场。按照金融行为学的原理来讲就是"倾向效应"。

熊市可以划分为三个阶段：第一阶段是对牛市继续上涨期望的破灭；第二阶段是经济走软，上市公司业绩下降；第三阶段是低于股票内在价值的恐慌性抛售阶段，这个时候为了满足生活的需要，为了获取短缺的流动性，不顾价值的清仓行动此起彼伏。这三个阶段是被次级折返分割开来的，而这些次级折返层次的反弹往往被大众误认为是牛市的开始，因此盲目抄底而被套。但是那些很好地掌握了道氏理论的研习者则极少被这样的**反弹所迷惑**。

在熊市中，纽交所的日成交量要显著小于熊市之中，熊市大幅下跌之后，成交量持续低位盘整往往意味着熊市**接近尾声**。

汉米尔顿常说：华尔街的传统观点是不要在成交不活跃的市场中做空，但这对熊市而言并非一个中肯的观点。汉米尔顿觉察到了熊市中做空进场的最佳时机，恰好是显著反弹之后成交量走低的时候，而后犀利的下跌运动表明熊市还将继续。他反复提到的一个观点是这样的："在华尔街经常引用的一句陈词滥调就是不要在成交不活跃的市场当中做空。或许这句话在大部分时候是对的，但是对于持续的熊市而言，它往往都是错误的。在熊市当中，股价上涨乏力，下跌犀利。"（1909年5月21日）

下面这段话是从1921年一篇文章中摘

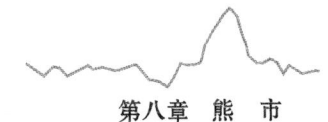

录而来的,有些闪光点值得大家铭记:"按照最初的道氏理论来讲,**熊市中的反弹是突然发生的**,**特别是在恐慌性的下跌之后反弹更加迅速**。这样的回升并非意味着底部出现,而是特定条件下市场的修正表现。这个时候市场很容易处于超卖状态。当市场确实到达底部之后,市场情绪会异常悲观,当负责电梯运行的男童也开始讨论自己的空头头寸时,职业交易者们就会开始逆向操作,背离大众的**心理方向**。"

"熊市中的次级折返,也就是反弹,在过去多年的历史中都表现出了惊人的一致性,那就是这些反弹往往是在某一个关键点位附近开始的,这个点位考验了大众吸纳筹码的力量大小。恐慌性下跌发生时,当股价跌到关键点位附近时,大空头会回补部分头寸,避免因为仓位过大而处于被动之中,这种空头回补行为也会**促使股票反弹**。股票的做空力量被两种力量所抵消,第一种力量是空头回补,第二种力量是抄底或抢反弹的量。不过,倘若吸纳筹码的力量不足,那么股价还是会进一步缓慢下跌,价格创出新低是稀松平常的事情。"(1921年6月23日)

"长期得到指数走势检验的经验告诉我们,持续时间超过1年的牛市回调迅速,而上涨缓慢。类似的情况发生在熊市中,则反弹迅速,而下跌**缓慢**。"(1910年3月19日)

J. L.习惯于在恐慌性放量大跌时兑现部分空头利润,这点与道氏理论的指南不谋而合。

只有在走势转折点处背离大众的做法才有意义,逆向思维并非什么时候都选择与大众相反,而是在少数市场节点附近选择与大众心理相反。

资金雄厚的投机势力往往是滚动时调整头寸,趋势跟随过程中主动加减头寸,微调仓位是惯用的操作手法。

其实这也是市场的一种迷惑机制,牛市下跌迅速上涨缓慢,这样导致很多人不敢持仓,而熊市下跌缓慢,反弹迅速却给持仓的人以幻想,结果越套越深。市场这个生命体就是要让输家多,赢家少,这样市场才能生存下来。

在这个问题上,掌握下跌或者上涨市场的基本运行规则是非常重要的。

优质股票在熊市中会同劣质股票一同下跌,因为大众急于了结头寸获得短缺的流动性,只要能够出手的股票都会被迫不及待地脱手,而那些无法卖出去的股票则取决于交易者是否有充足的现金来度过最艰难的时刻。在大衰退时期,那些缺乏投机经验的人为了生活不得不把那些具有价值的优质股票凭证从保险柜取出来不计成本地卖出。只要能够兑换成现金,无论损失多大,为了生计不得不如此。比起卖出这些优质证券,或许人们更愿意出售房地产或者其他类型的资产,但是这些资产的流动性更差,无人问津。或许人们持有一些分红型的保险,此等情况下不得不提取保险金,而这迫使保险公司为了筹集相关资金,不得不卖出一些有价证券。同样,人们会去银行提取存款,而这使得银行不得不为了应付这些提现需要而卖出有价证券以便维持足够的准备金。整个经济的流动性陷入了自我坍塌的恶性循环之中,优质证券的卖家急剧增加,而买家却急剧减少。供求关系在其中发挥了作用,当供给量相对需要量大幅增加的时候,价格必然大跌。大众阅读了不少财经咨询服务机构的研究报告,他们惊讶于这些机构聘用的经济学家竟然会不理解熊市中这个恐慌性抛售阶段的情形。

什么原因导致熊市终结呢?《股市晴雨表》对牛市和熊市的整个周期给出了精彩的阐释:

"突然,当我们醒来的时候发现钱实在是太好挣了,狂热投机的氛围笼罩整个社会。我们从衰退和萧条阶段进入到了复苏和繁荣的阶段,随着经济走好,利率上升,薪资增长,投机活动伴随而生。经济繁荣的美好时光持续数年,而整个经济中最薄弱的环节却承受着最大的压力,最终断裂。股市和商品市场都出现了衰退的征兆,然后失业率显著上升。这个时候,储蓄银行的存款在增加,而运用投机的资金却非常**稀缺**。"

汉米尔顿告诫道氏理论研习者们不要试图利用这一理论模型去抓住熊市的最低点抄底:"道氏理论不能告诉任何使用者熊市到牛市的精确

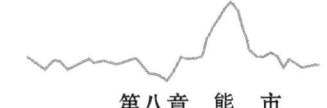

第八章 熊 市

转折点。"

1921 年 9 月 18 日，当股票平均价格指数从熊市低点上涨不足 5 个点时，汉米尔顿撰写了一篇评论刊载在《巴伦周刊》上，其中指出："有人对道氏理论的预测价值提出了质疑和挑战，我来回应这一要求，当下股市的运行为验证道氏理论的预测价值提供了最恰当的实例。因为欧洲金融系统处于混乱之中，棉花减产，通货紧缩，立法者和税务系统有机会主义倾向，失业率攀升，煤矿工人和铁路工人的薪资水平低等，所有这些负面因素使得经济整体一团糟。不过，股票市场却露出一丝曙光，似乎预示着一些积极的因素正在经济中**萌芽抬头**。据说这轮熊市从 1919 年 10 月末 11 月初的时候开始，在 1921 年 6 月 20 日创出了最低点，当时 20 只工业股票平均价格指数是 64.90，20 只铁路股票平均价格指数是 65.52。"

在几日之后的《华尔街日报》上，汉米尔顿又写下了这样的评论："不止一位记者在本报上刊文告诫大众要当心各种负面因素，并且发出关于道琼斯指数的疑问。因为 9 月 21 日刊登的道琼斯指数研究表明，股市价格正在为步入牛市做准备，这是怎么回事呢？毕竟，能够找到的各种理由都是悲观负面的，比如德国企业出现倒闭潮，铁路运输价格下跌，关税和国内税收政策的不确定

在一般性衰退当中，银行存蓄相对于证券和房地产更加安全，这时候大众会增加银行存款而减少高风险的投机活动。但是在诸如 1929 年大萧条那样的超常规衰退当中，银行本身的经营也出现了极大的问题，这个时候挤兑风潮蔓延，银行存蓄也变得极其不安全，所以持有现金、稳健外币和黄金是更好的选择。

一般而言，股市先于经济见底，先于经济见顶。这是因为股市受到上市公司业绩的影响，而上市公司业绩在预期上更早得到体现，体现在经济数据上时已经是过去的数据了。除了业绩之外，基准利率和风险溢价也会影响股指，另外筹码分布也是不得不考虑的因素，否则如何解释 2005 年之前那两三年的背离情况——经济往上，股市往下。这几年的背离一是因为国有筹码的减持预期不明确，二是因为前一轮牛市当中券商系资金的资产负债表被严重损毁，市场主力资金遭到血洗。

股市通过运动来贴现信息，一则利空消息的贴现是通过股价或者指数下跌来贴现的，另一则利多消息的贴现则是通过股价或者指数上涨来贴现的。一则利空是否会推动市场下跌，要看市场是否已经下跌了贴现这则消息。这则例子中，利空虽多，但是都是些早已贴现的"旧闻"。还有一种方法识别"贴现"，那就是利空不跌或者是利多不涨，那表明这一利空已经被贴现，或者利多已经被贴现。

道氏理论也不是完全不利用日内波动来研究市场的。

风险，国会处理问题的能力堪忧等。其实，回到上述疑问的关键在于股票市场已经贴现了这些信息，股市囊括了所有信息，股市要比所有上述评论家中的任何一位所掌握**的信息更广**。"（1921 年 9 月 21 日）

汉米尔顿本人基于上述预判在当时买入一些有价证券，而这次投资的成功带来的收益为他提供了购买不动产和商业投资的资金。而这些商业投资的成功又为他的轻奢生活提供了充足的资金来源。这些成功的投资预判激发了他进一步研究指数的动机，寻找那些隐藏着的线索和秘密，其中充满了乐趣，而且可以带来丰厚的利润，这样的消遣活动足以让人乐此不疲。

1921 年的深秋季节，汉米尔顿收到一封来信，询问他当时做出熊市结束预判的理由。他对此解释道：**当时成交清淡，市场横向整理，利空完全被市场忽视**，也没有下跌途中的像样反弹，所有这些都表明最坏的时候已经过去了，此外，指数的日内波动特点也证明了这一**结论**。

为了更好地研究指数在熊市底部的运动特征，我特别在下面给出了一幅 9 轮熊市底部走势图（1932 年英文版的原图）。如图 8-13 所示，从上到下列出了 9 轮熊市结束阶段的走势，走势都是根据比率画出的，每个低点都以 100 为单位，这样价格的上涨就变

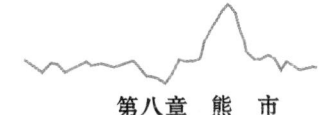

第八章 熊 市

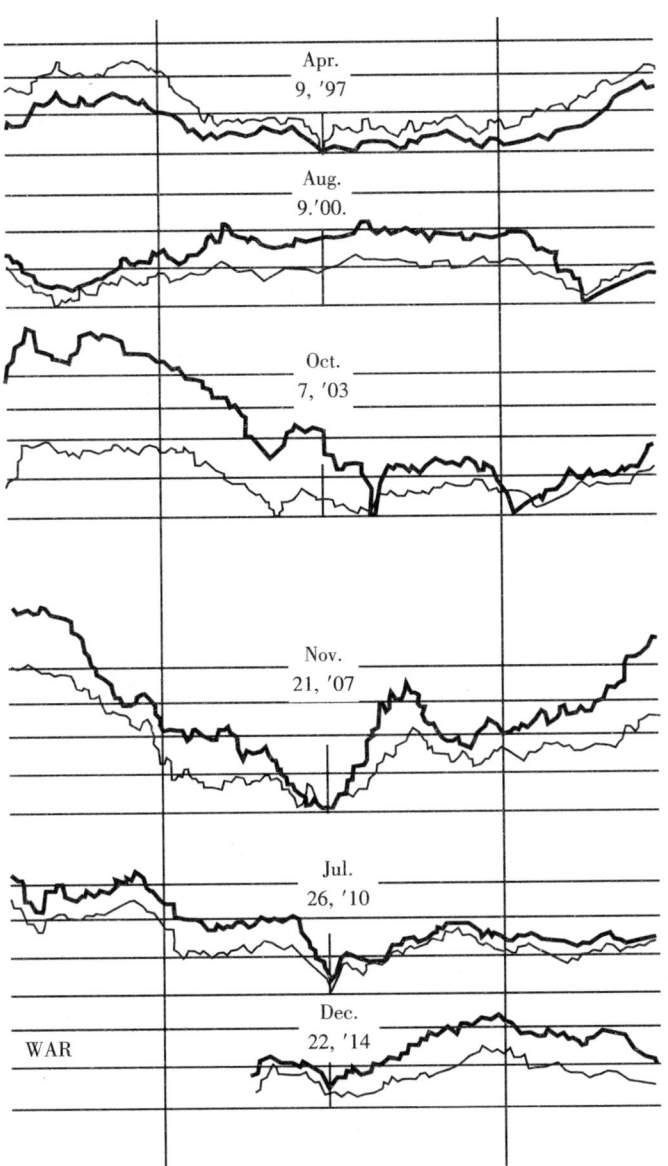

图 8-1　9 轮熊市底部走势图（1932 年英文版的原图）

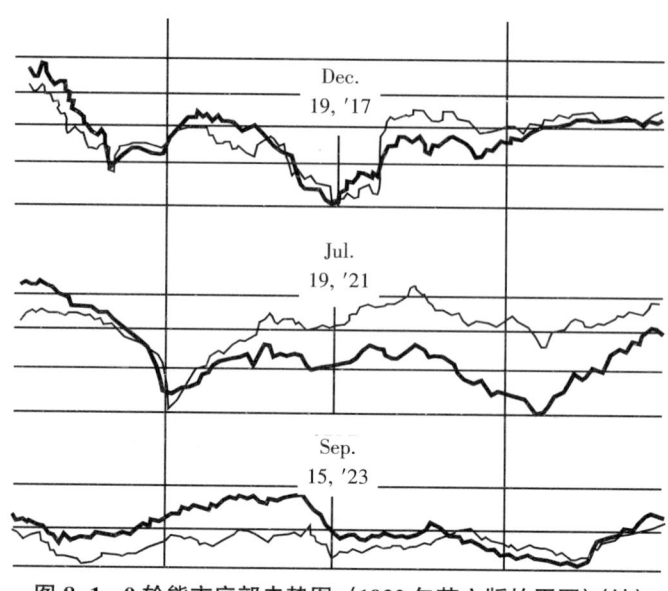

图8-1　9轮熊市底部走势图（1932年英文版的原图）（续）

有兴趣的读者可以去看下A股指数底部的特征，比如2014年6月前一段时间的指数走势特点，我记得当时有几个显著特征引起了我的注意，第一成交量很小，波动也很小，对于做股指期货的人而言，当时的每日波动非常小，以至于设定15个点止损日内止损幅度都会嫌太大了。第二利空不跌，当时出了好几个利空，而且算得上是不小的利空，但是股指却基本上是横盘的，最后一次好像是一则利空将股指打到日内低位，破了前低一点马上大幅拉升。

成了从100基点开始的运动。另外，还考虑到了成交量的特征。

在这幅对比图中，你可以发现9个熊市结束阶段中的7个都处于60~90天的时间范围，指数的波动范围则在3%以内，当然这种运动在两个指数之间并非**同步展开**。而另外两个熊市结束阶段的指数波动范围则在5%之内。

其中6个熊市，最低点出现前几个月成交量逐步降低，而另外3个熊市中如果仅依靠成交量低迷这一特征则会被误导。

很多论述提到过双底出现在熊市结束阶段，这种情况确实有发生的时候，但是如果将双底作为道氏模型的标准配置和判断指标，那么铁定会误导使用者。频繁提及双顶的热门忽略了一个重要的事实，那就是在下跌中继阶段也会频繁出现双底。回顾所有熊市的走势就会发现，部分双底确实在波段低点出现，但那却不是下跌趋势的终结点，即双底出现之后熊市仍旧持续，指数再创新低。通过两个指数的确认可能更有意义，当一个指数向下破位未能得到另一指数的确认时，这表明下跌趋势可能出现了变化，即便这样的判断没有确定性的结论，但是对于整个研判还是有**重要参考价值的**。

相比较而言，预判下跌趋势的价格运动比上涨趋势更为容易一些，毕竟抄底比逃顶**更容易一些**。

对于股票平均价格指数的研习者而言，倘若能够在底部上涨 10% 的幅度内抄底，那么功力和运气都让人羡慕。但是，在指数上涨超过 10% 后到 20% 之前，任何熟练掌握道氏理论的人都应该较好地把握上涨趋势，毕竟这时候趋势已经**显而易见了**。

指数之间的背离，高度相关品种之间的背离，都是非常有价值的信息。异常背后必有重大真相有待揭露！

底部构筑时间更长，有百日底一日顶之说。另外，底部可以通过估值来大致确定，顶部却与市场心理关系密切，估值比心理更好把握。

美国人塞拉斯·哈尔兹在 1883 年进入股票市场进行操作，到 1936 年，他用了 53 年的时间将最初的 10 万元原始资本增值为 1440 万美元。他用的方法比今天所有的交易者采用的技术分析都要简单得多：当指数或者个股从低价上涨 10% 之后才介入，当指数或者个股没有从最高点下跌 10% 时不卖出股票。在卖出股票之后，股价必须再次从低点上涨 10% 才能再度买入。具体可以参考《股票短线交易的 24 堂精品课》的第三课"哈尔兹法则：确认大盘指数趋势的傻瓜工具"。

第九章

牛　市
Primary Bull Markets

> 驱动股市形成趋势的基本因素并非是朝夕变化的，但是促成一次回调或者反弹的因素却有可能一夜之间出现。

主要运动是牛市的市场，整个市场处于上涨中，间或被一些次级折返所中断，整个牛市的持续时间平均在两年以上。牛市中，经济繁荣，股市投机活跃度上升，无论是投资还是投机性质的买股行为增加，自然使得股市上涨。牛市也分为三个阶段：第一个阶段，大众对经济的发展恢复了信心，预期开始好转；第二阶段，公司业绩实质性改善并反映到股价走势上；第三阶段，市场极度乐观，投机性交易占据主导，通货膨胀显著上升，狂热的氛围和极度乐观的预期支持股价的**上涨**。

　　正如我们此前宣称的那样，道氏理论是一个注重躬身实践的工具，通过对道琼斯铁路和工业股票指数历史数据的复盘，我们可以得出对未来走势有用的推论。在金融投机的冒险事业中，如果能够在熊市终结和牛市开始时正确地理解和运用道氏理论，那么获

　　牛市第一阶段是价值投资者大举入市的阶段，第三阶段是题材投机者大举入市的阶段。中立而论，撇开资金大小，价值投资与题材投机是两个门道，都有人从中持续挣钱。两者的区别在于题材投机的爆发力强，价值投资的耐力好。但是，绝大多数打着价值投资或者题材投机的人其实都没有真正把握两者的本质，不过是自己糊弄自己而已。无论投资还是投机，做不好多从自己身上找原因，而不是怪途径本身。

道氏理论与绝大多数技术分析工具对人性的考验是完全不一样的。绝大多数技术工具迎合并且加剧了人的急躁心理，但是道氏理论却要求人不断提高自己的耐心。道氏理论在这一点上与价值投资何其类似，耐心等待致命一击，这才是市场王者之道。但是，绝大多数市场参与者都热衷于短线交易，这也是人性使然。极少数短线高手的存在，让大众乐此不疲，一般人并不知道其中有多大的付出，短线交易者每天要花费大量时间复盘，这是极其辛苦的。眼睛和颈椎有多难受，过来人才知道，就算财务上成功了，身心的付出和消耗都是一般人无法想象的。

益将巨大。

汉米尔顿似乎能够轻而易举地捕捉到市场的底部，同时他也经常声称抄底比逃顶更加容易。汉米尔顿的成功或许得益于他的聪慧过人之处，但是也有不少天资一般的人，在有机会的时候正确运用了道氏理论，虽然他们没有过人的技能和见识，但是却因为正确理解了平均价格指数的运用而**获益颇丰**。

就牛市和熊市的混淆之处而言，大家一定要铭记一点，那就是牛市第一阶段与熊市最后反弹的区别并不明显，只有过一段时间才能有效区分两者。同样的情况是，熊市第一阶段与牛市最后回调的区别也并不显著，所以一般会先将其当作是牛市的回调，然后等待时间的验证。只要谈论熊市的结束必然涉及牛市的开始，此前一章我们已经谈论到了熊市结束的典型特征，这里再重复强调一下：**在熊市结束的阶段，市场对新的利空消息和悲观情绪并不感兴趣，也就是见利空不跌**。此外，**市场却没有了此前下跌过程中的快速反弹，这表明市场已经处于某种均衡状态之中，投机活跃度大大降低了**。虽然空头对价格的打压能力下降了，但是多头也没有意愿拉升价格。整个股市因为缺乏大众的积极参与而变得沉闷，交投稀疏。悲观的氛围笼罩整个社会和股市，股票分红大幅减少，部分大公司处于财务困境之中，政局也处于

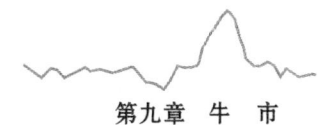

风雨飘摇之中。所以这些因素导致股市处于"**横向整理**"走势之中。此后,当价格确定无疑地向上突破这个横向整理区间的时候,铁路和工业股票平均指数的波动就会呈现出某种确定性,底部会逐渐抬高,也就是说回落并不会跌破此前一个低点。此时而非之前,一个投机买入的点位确认了。此时,我们需要具有耐心,倘若价格显著上涨之后出现了显著的回调,但是回调并未跌破熊市的最低点,而随后的上涨却突破了此前熊市主要反弹的高点,那么这些时刻就是安全的**买入时机**。

部分读者可能会问——为什么1930年春天出现的反弹不是熊市的完结和牛市的开始呢?其中一个原因是研习过平均价格指数的人都应该清楚,牛市不会以飙升波段开启;另一个原因则是熊市初始阶段,对下跌波段的25%反弹修正,甚至100%的反弹修正都是可能出现的。

对于牛市开始阶段的阐述已经有许多相关的论述文章了,下面这段摘录的文字正是探讨牛市从绝对低位启动的过程:"**此前熊市的下跌已经使得有价证券的价格远远低于其内在价值**,这是因为股市提供了及时买卖的功能,引发的情绪波动使得市场近乎完全忽略**价值本身**。股市作为经济晴雨表,最早反映经济去库存的压力。"

价值投资看不看市场心理?当然要看。市场先生恐慌和低迷的时候,往往就是价值投资者择时进入好公司的时候。所以,不要有门派之见,天下功夫为我所用,不为我所有,不要认为价值投资与道氏理论是水火不容的。

N字结构在道氏理论当中也屡显身影,这个地方主要讲的是N字底和上升N字。

价值投资的核心是商业运营,道氏理论的核心在于大势。如果将道氏理论看作是对市场先生情绪趋势的研究,那么把道氏理论纳入到价值投资工具箱中并无不妥,甚至如虎添翼。

"牛市的第一阶段，股票向内在价值回归；牛市的第二阶段，这是持续时间最长的一个阶段，伴随着整个经济的复苏和繁荣，股票对业绩增长进行贴现，这个阶段经常出现欺骗人的次级折返，也就是回调；牛市第三阶段，股价不仅贴现了股票的内在价值，而且还将未来极端乐观的情形贴现**到价格中**。"（1923年6月25日）

好得不能再好了，好到天上去了，结果怎样呢？缺乏更加利好的消息贴现到股价中，那么股价见顶的概率就会增加不少。

下面摘录的段落表明牛市初期的缓慢上涨阶段要求人们不仅要有耐心，而且还要在面对快速回调时有勇气坚定持仓："得到平均价格指数长期证实的经验告诉我们，在持续时间至少一年的大牛市中，回调是快速的，而上涨过程往往缓慢。同样在熊市中，反弹相对下跌更为迅速。"（1910年3月19日）

那些在华尔街稳操胜算的大佬们，他们的惯用手法就在股价低于其账面价值时买入，或者是在价格低于其可见未来的合理贴现价值时买入，并且最终在更高的**价位上卖出**。这些稳操胜券的大佬们有能力低买高卖，他们的行为与一般的商人毫无区别，一个成功的商人会在纺织品价格低廉和经济萧条时大量买入这类产品，然后等待经济复苏和需求增加时逢高卖出。而华尔街的聪明资金也会在发现股价远远低于内在价值时，仔细评估胜算率和风险报酬率，然后默不作声地吸纳筹码。等到大众开始意识到股价企稳

这段话明显讲了格雷厄姆和巴菲特两人的价值投资方法。格雷厄姆是股价低于账面价值显著幅度时买入，而巴菲特则是估计公司未来的业绩收入前景，并且大致贴现后，等待价格显著低于这个未来收入流的贴现值时买入。所以，不要将道氏理论看成是纯技术分析。从本质上讲，道氏理论讲了"市场先生的脾气周期"，与商业分析结合起来，可以成为价值投资的左膀右臂。

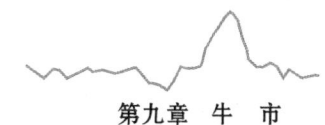

第九章 牛 市

之后，他们开始入场购买，这个时候优质的证券就变得异常抢手了，股价上涨，牛市形成。不过，汉米尔顿提醒拥趸，股市趋势的反转并非朝夕形成的，因为"**驱动股市形成趋势的基本因素并非是朝夕变化的，但是促成一次回调或者反弹的因素却有可能一夜之间出现。**"（1910年7月29日）

我们对道氏理论的研究和谈论着重于道氏理论对股票交易者的实用性，而非对经济预测的意义。我本人无意对汉米尔顿的经典之作《股市晴雨表》进行贸然修改，这确实是一本经得起推敲的好书，他在其中写道："平均价格指数的运动可以作为经济活动的晴雨表。而对于那些研习道氏理论以便用于股票投机的人而言，道氏理论也能作为经济前景的**可靠指南**。"

汉米尔顿坦诚在捕捉市场顶部的时候经常遭遇挑战，他指出："正确地预测市场的顶部要比预测底部困难很多。在长期的熊市下跌之后，平均价格指数与相应的内在价值之间的差值会显著，两者之前出现明显的背离。但是，经过牛市的上涨之后，许多股票或许仍旧处于内在价值范围之内，并未明显高估，还有很多利好因素尚未完全贴现到股价之中。一方面可能是因为外在环境非常复杂，另一方面可能是因为前景的不确定性，因此市场会在接近顶部的范围内波动。可以

> 贵上极则反贱，贱下极则反贵。贵出如粪土，贱取如珠玉。什么导致趋势出现？玄妙的数学比率吗？非也！经济规律主导了趋势，技术分析追逐现象，经济规律研究本质。

> 股市的晴雨表作用可以从欧美的股票市场历史中得到应征，有一本讲"二战"时候股市历史的书和一些讲美国股市历史的书可以找来看看，就知道汉米尔顿和雷亚所言不虚了。

举出很多这样的实例,这些例子当中指数在距离顶部非常近的区间内波动了差不多一年时间,然后才快速下**跌形成熊市**。"(1926年2月15日)

在另一篇文章当中,汉米尔顿写道:"精确地预测市场的顶部已经超出了道氏理论的能力范围。但并未出现明显投机泡沫的时候,我们更加难以确定顶部是否到来。"(1923年6月13日)按照他所指出的要点,倘若没有过度投机的迹象,那么一个胜任的道氏理论研习者也容易错误地将熊市下跌开端当作是一次**牛市**的回调。

汉米尔顿喜欢引用华尔街箴言来表达自己的观点,有一次股市已经临近顶部,而汉米尔顿这时对指数进行了讨论:"华尔街那些资深的交易员们总是说当开电梯的男童与大街上的皮鞋匠都在兜售利多消息时,这就是应该抛售和了结多头头寸的时候了,平掉仓位出去钓鱼吧。"在许多次牛市接近尾声的时候,汉米尔顿常常警告他的拥趸者们:"树不可能涨到天**上**去。"

1929年春,牛市最后一波上涨之前,汉米尔顿承认从指数来看,牛市继续上涨的可能性很大,但是他也在用直白的语言提醒拥趸者们要将账面的利润落袋为安,及时离场。他写道:"研究股市的人应该扪心自问,大众是不是在高于内在价值很大幅度的水平

股市的低点可以通过价值评估来大致确定一个安全范围后介入,但是高点却与心理和资金关系更加密切。

只有当泡沫非常明显的时候,道氏理论才能初步确认顶部。但是究竟什么程度才算"明显"?这个问题还需要更多全面而深入的研究,单靠市盈率等估值水平是无法确定顶部的。

情绪指标有很多,用法也各有要点和前提,可以参考《股票短线交易的24堂精品课》的第十课"市场心理法则和各种魔咒:反常者赢和一叶知秋",这里不再赘述。

第九章 牛市

上买入股票，大众是不是因为乐观的预期买入股票，而且已经急不可耐了。"（1929年4月5日）

1909年，在股市到最高点之前的几个交易日，汉米尔顿提醒参与者们："绝不要忘了一点，那就是尽管国家经济处于异常繁荣之中，但是股市却绝不会**永远上涨**。当一个股市因为过度投机而创出新高，那么一旦泡沫破灭，市场就会崩盘，这是不可避免的结局。"（1909年8月24日）

> 在底部和顶部附近最容易出现大众一致的直线预期，认为此前的趋势还会持续下去。

汉米尔顿数次陈述了他的观点："即便大众仍旧看好经济，股票市场最终也会有转向下跌的一日，而经济也**会随之下行**。"（1922年4月6日）经济学家们认为在1929年股票牛市见顶之前，经济已经见顶了，不管这种观点是否正确，经济对股票市场的影响确实比对其他金融市场的影响大。无论股市在1929年是否先于经济见顶，是否预测了经济的转折，但是毫无疑问的是指数在10月明确地给出了股市趋势反转向下的信号。那些透彻掌握道氏理论的研习者，以及能够准确识别和应对次级折返的交易者们会在9月清仓，他们中的大多数人都这样做了。而那些没能及时平仓的交易者，希望他们能够从中学到经验教训，进一步认清道氏理论的真实价值。

> 股市领先于经济见顶。

道琼斯指数从1897年开始到现在为止

的牛市数据表明，1929年指数体现的顶部特征最为明显，非常容易识别。

通货膨胀的特征无处不在，显而易见。股市成交量非常高，股票融资额不断创出新高，短期拆借利率非常高；许多公司放弃主业将现金投入到股市投机之中；肮脏的联合坐庄行为涌现；大家需要排队完成交易手续费缴纳工作；龙头股的股息率比最优等价债券的收益率还低；垃圾股股价飙升，大众完全无视其内在价值和经营业绩；整个国家的人都沉浸在牛市的狂热之中，**投机盛行**。很多资深交易者回想起那几个月的疯狂都非常奇怪为什么当时像被麻醉了一样，在肯定崩盘的股市中持股不卖。有些理性的投资银行家发出了清醒的声音，但却被大众所忽略和厌恶，大众认为他们是破坏分子，因此智者之语也无法挽回**局面**。相反，一些在当时被大众捧上天的金融巨子，此后却被判刑为诈骗犯，遗臭万年。

这段话里面给出了不少情绪分析指标，比如融资余额，金融机构间短期拆借利率，市盈率倒数与国债收益率的比较，证券公司业务繁忙程度，炒股人数占总人口数比率，操纵股价案件数量，等等。

市场意见纷纷扰扰，大众情绪摇曳不定，这些并未干扰道氏理论的判断效力。1929年春，股票平均价格指数表明多空势均力敌，一些重要的力量在抛售，而另一些力量则在积极买入。此后，两种指数均创出新高，这表明多头再度战胜空头，市场情绪一片乐观。道氏理论指出有足够的动力推动股市上涨。

民心如流水，容易见小利而忽略重大的利害关系。金融交易要成功必然要口随大众，心随精英。

第九章 牛市

从 5 月 12 日到 6 月 5 日，股市出现了显著的下跌，但是价跌量缩，价涨量增的特征非常**明显**。道氏理论认为这不过是牛市中的一次次级折返而已，是回调并非反转。

1929 年 9 月 3 日，股市涨到了牛市最高点。9 月 3 日到 10 月 4 日，股市再度下跌，看起来好像只不过是牛市中的一次回调而已，但是此后在 10 月 5 日的回升成交量却是萎缩的。并且，此后的 8 个交易日，道氏理论研习者可以容易地从指数走势上发现上涨缺乏动力，因为上涨过程中成交量未能**同步放大**。当时的图表分析师们发现，这次回升的幅度其实只相当于熊市中反弹的幅度，这样的形态对于道氏理论运用者而言是明确的卖出信号，具体而言就是在道琼斯指数位于 350 点的时候卖出，这个点位比最高点位低了不到 10%。对于那些持股的人而言，市场每天都在发出各种更加严厉的警告，因为这个时候下跌放量。在 10 月 20 日结束的那一个星期当中，市场跌破了 10 月 4 日的低点。对于道氏理论研习者而言，这一信号无疑表明熊市**形成了**。

汉米尔顿对市场趋势变化的最后一次就是他明确地宣布大熊市来临了，这轮熊市从 1929 年 9 月开始。随着一些见顶迹象的频繁出现，汉米尔顿越发不安。他发表了一系列文章，其中一篇刊登在 1929 年 9 月 23 日

价跌量缩意味着调整中此前买入的大量筹码并未出逃，上涨放量意味着有资金在追买。

指数上涨必须放量，这表明有越来越多的资金追买。但是，个股的上涨不放量未必是坏事，说明持股者惜售。因此，道氏理论中的一些原理是不能放到个股中去硬套的。市场分为三个层次，第一个层次是大盘和大势，第二个层次是板块，第三个层次是个股。道氏理论研究的是第一个层次，这个前提一定要铭记。那对于个股操作有什么用？一句话，无论你是做价值投资还是题材投机，都不能不看大盘和大势。价值投资者会等待大盘步入熊市或者暴跌带来的错杀机会。而题材投机者做热门股的时候必然会看大盘这个大天气决定操作。

说了这么一大段，就是一个 N 字顶。

从价格运动的层次入手解密趋势，这是查尔斯，汉米尔顿以及 J. L. 都在毕生致力于其中的事业。

的《巴伦周刊》上，这篇文章研究了指数运动情况，认为指数形成了横向整理的走势。1929 年 10 月 21 日，另外发表在《巴伦周刊》上撒花姑娘的文章提醒到此前出现的一系列上涨和下跌序列都表明熊市来临。1929 年 10 月 25 日，汉米尔顿一篇标题为《趋势反转》的股评文章发表在《华尔街日报》上，这篇文章指出：从 9 月开始的市场下跌很显然是熊市的第一阶段走势。几周之后，汉米尔顿意外去世，这就是他本人最后一次对市场趋势的预测，也是他最为出色的一次**股市预测**。

第十章

次级折返

Secondary Reactions

> 少数资金赚钱才能让市场存在,而次级折返正是起到这个作用。

为了阐述理论的方便，我们将牛市中的显著下跌运动以及熊市中的显著上涨运动定义为次级折返。次级折返持续的时间一般是**3周到数月不等**，这类间或出现的修正运动一般会回撤到前一主要趋势波段幅度的**33%~66%**。次级折返运动会愚弄交易者，让他们认为趋势已经发生了改变。比如，熊市中的次级折返往往会被误认为是牛市中的第一阶段，因为两者在开始的时候很相似，而此后的走势会区分两者。同样，牛市中的次级折返往往会被误认为是熊市中的第一阶段，因为两者在开始的时候也很类似。

次级折返对于股市正常运行必不可少，这就好比高压锅的安全阀一样。次级折返对于保证金交易者构成最大的威胁。不过凡事都有两面，对于那些能够区别趋势运动与次级折返的交易者而言，能够从中获得最佳的

有一些技术分析专家试图通过螺旋历法，斐波那契数列，卢卡斯数列等技术工具来确定次级折返结束的准确时间。根据多年的股票操作经验，我认为成交量阶段性低点是更为务实有效的调整结束信号。

次级折返与斐波那契点位模型，以及艾略特波浪理论还有加特力波动理论的关系比较密切，可以参考我们的《斐波那契高级交易法》的相关章节。但是，需要提醒大家一点的是这只是一个大概率的回撤范围，所以不能当作硬性规律来对待。

N字结构上升其实不断提高了大多数持股者的平均持仓成本。

盈利机会。汉米尔顿指出："次级折返是牛市健康运行的基石之一，它可以平抑**过度投机**。"

当市场处于次级折返运动的时候，一个经常被提出来的问题是——次级折返会有多大幅度？但就股票平均价格指数而论，中肯和谨慎的回答是——次级折返的回撤幅度通常为前一趋势波段幅度的1/3~2/3，或者更大幅度。这样的答案具有很大的实践意义和价值。不过，如果想要进一步提高次级折返幅度的精度预判，只能适得其反，招致失败，这就好比气象工作者想要精确地预报某一时刻降雪量会达到 3.5 英寸一样，必然失败。气象工作者通常可以正确地预报即将发生的雪天和大概时间，但却无法准确预测暴风雨出现的准确时间和降雪的准确厚度。道氏理论研习者面临的挑战与气象工作者面临的挑战类似。

日中线上使用诸如KD等震荡指标可以帮助我们把握部分次级折返，特别是技术性的超卖或者超买导致的次级折返。当然，成交量是非常重要的手段。在《高抛低吸》一书中，我们利用斐波那契线谱、KD震荡指标、成交量和K线来识别次级折返，这种思路大家可以借鉴参考一下。当然，这只是四个维度，如果能够加上题材维度那就更好了。

导致次级折返出现的原因很多，最为重要的一条原因就是熊市中的超卖和牛市中的超买。这种极端状况随着趋势的加速发展而出现，通常将这种状况定性为**"技术性"**。很多时候媒体会将次级折返归因为某一具体信息，但实际上还是因为趋势方向上的动量暂时不足所致。

一个牛市稳健地发展会吸引大众踊跃参与其中，参与者的想法是低买高卖，但是总有一天股市会出现空头强于多头的情况。而

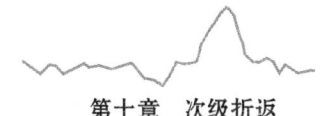

第十章 次级折返

那些资深交易者会持续关注这种情况的发生，然后趁机做空，巨大的空头头寸被建立起来，而此前高位追涨的普通散户却在恐慌中割肉出逃，所有这些因素叠加起来就促成了牛市的反转。资深交易者做空叠加普通散户的卖出使得股票价格急剧下挫，这样的急剧下跌导致一些持仓成本较高的头寸不得不微利出逃。而这样的急剧下跌为资深交易者提供了再度进场买入的机会，这就是牛市上涨中典型的次级**折返情形**。

> 上升波段中逢高减仓，逢低加仓，这是最为常见的滚动操作思路，但是底仓不能丢，如果做不好滚动操作，宁可不做也要保持在牛市中持有头寸。

熊市中的情况恰好相反，对现金的渴望和避险需求使得大众不断卖出证券，使得股市日益走低。当资深交易者意识到市场处于下跌趋势时，他们会果断卖出，这样就加速了市场的下跌过程。最终某个时刻，股价被打压到了某个超卖水平，做空情绪走入极端。资深交易者开始意识到市场在这个点位似乎已经阶段性出清，进一步下跌的动能衰竭了，于是他们为博反弹**而逢低买入**。这样的情况在 1910 年 7 月 29 日出现过，当时汉米尔顿指出："正常的反弹现在好像已经展开了，此前下跌波段幅度的 40% 将被快速收复。不过一旦反弹之后成交冷淡，那么绝大多数资深交易者就会卖出股票，因为股市现在还缺乏足够的多头力量来促使牛市的形成。"

> 下跌过程中的高抛低吸，这是火中取栗的做法，类似于诸葛亮强行凭个人才智复兴汉室江山，虽有智力之巧，但失大势之靠。不提倡这类做法。

上面这种情况一般被媒体形容为"空头

当时，J. P. Morgan 就是这样组织银行家们救市的，所以雷亚在这里指的应该是这段历史。

这个阶段性局部特征，是针对指数的。整体而言，整个牛市的成交量显著大于熊市，而熊市每一波下跌开始往往是显著放量的，但是下跌持续时可能会出现缩量特征，反而在反弹时可能有一点微弱放量的迹象，直到反弹接近尾声，成交量也会逐步缩小，然后随着加速下跌而放量，然而又是一段时间的缩量下跌。

少数资金赚钱才能让市场存在，而次级折返正是起到这个作用。

出逃"，也就是做空者快速平掉空头，并且常常转手做多，买入股票，加上那些想要抄股市大底的非理性资金买入，整个股市急速反弹。这样的反弹会持续到做多的力量衰竭，也就是博反弹的资深交易者们获利平仓。恒久不变的供求定理将施加不可抗拒的力量，股价再度下跌，直到供求重新均衡。在恐慌性的下跌中，投行等机构力量往往会入市支撑市场，等待股价反弹时就**会谨慎地卖出**。1909 年 5 月 21 日，汉米尔顿评论过相关的做空情形："股市成交量下降存在多重可能，但是华尔街的陈词滥调一味强调不要在沉闷的市场中做空。或者这一说法正确的时候占多数，但是在熊市的持续下跌当中，这个论调永远是错误的。因为在熊市中，上涨时成交量较低，而下跌时却**放量**。"

次级折返总是令参与者们感到迷惑，汉米尔顿也经常表达他类似的迷惑之感："牛市中的回调运动让人难以捉摸，其表现很容易误导人。"回调频繁地释放出类似于牛市转而熊市的信号，而交易者非常容易混淆真假信号。不过，正是因为次级折返的存在才使得市场得以**存在**。汉米尔顿在 1924 年 9 月 11 日谈论次级折返时指出："20 多年来探讨这一问题的经验告诉我们，牛市中次级折返没有体现牛市主要运动的特征，其与熊市类似，但本质上却是不同的。"在牛市中，

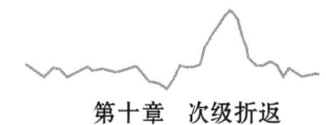

第十章 次级折返

当上涨遭遇的压力更大时就容易出现回调这类次级折返，这就好比高压锅的压力过大时会导致安全阀降压一样。汉米尔顿在1922年11月3日对这一点做了进一步的澄清："在一个反对经验主义和金融骗术的科学系统之中，牛市存在次级折返这条原理不应该被忽略掉。我曾经指出过，次级折返不可能被预测到。牛市中的次级折返可以缓解超买带来的紧张状态，从而让价格回到一个更加安全的点位，直到买家们重新确定市场的趋势和内在价值为止。除此之外，确实可以认为熊市的下跌是熊市利空的贴现，而这种贴现将让价格更加贴近内在价值，进而为真正的安全买入创造机会。"

熊市中的喘息是做空的机会，此时市场处于沉闷的平静之中。此后，往往会出现显著的下跌运动。在市场此前已经持续下跌之后，因为新的显著下跌会导致近乎恐慌的崩盘发生。而此时回补空头头寸是明智之举，甚至还可以建立多头。另外，当稳健的市场出现放量上涨迹象时，我们就应该买入股票，随着市场的持续高度活跃减仓或者在放量滞涨的时候平仓。但是，倘若一个交易者在牛市中做空，那么只不过是在赌一个次级折返层次的回调而已，这样的做空，胜算率和风险报酬率都很低。在牛市中更好的交易策略是在上升波段盈利之后退出观望，等待

回调进场又称为见位进场，可以参考以下几个指标的信号：第一，下跌后出现阶段性地缩量，然后放量上涨；第二，下跌后KD指标出现超卖区域金叉；第三，下跌后在菲波那契回调点位附近出现看涨反转K线组合；第四，回调后利空兑现，或者是新利好出现。

回调之后成交量下降，价格波动企稳变小的时候，**再度进场**。回调之后的交易不活跃时期给了一般交易者加入资深交易者行列参与市场的机会。

次级折返拥有一些大众可以识别的普遍特征，不过另外一些特征则连资深人士也无法识别和预期。大众普遍认为次级折返运动的起点无法精确确定，任何与趋势相反的日内波动都可以演化成次级折返。成交量的极端值往往与次级折返的起点有关。次级折返的一个主要特征是其运动速率要大于主要运动。汉米尔顿发现了这一规律，他指出："在熊市中的反弹比下跌主要运动本身增加迅速和不确定，反弹所花时间还要低于此前下跌所花的时间。牛市中也有一样的特征。"往往出现这样的情况，那就是趋势运动花费了几星期的时间，但是次级折返却只花了几个交易日。股票指数的研习者们通过查过去数年的历史走势就可以看到这类运动特征，这样的复盘也使得他们能够在某种程度上精确地区分次级折返和主要运动。牛市真正筑顶的时候，指数的下跌一般不会让人认为是趋势下跌的开始；同样，熊市底部的上涨转势，往往具有缓慢爬升而频繁回撤的特点，这些回撤伴随的成交量**都明显下降**。

在过去一段时期，当铁路和工业股票指数没有相互验证和确认时，往往预示着次级

市场走势与市场心理有一个周期错配过程，转势后的走势往往让正确持仓的人感觉磕磕碰碰的，等到大众频繁换手之后，市场会快速拉升一波让人悔不当初。在《外汇狙击手》上篇第十三节"市场周期和心理周期错配"当中对此有全面透彻的阐述，可以从图书馆借来参考阅读一下。

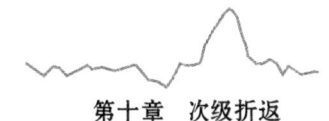

第十章 次级折返

折返将要到来。不过这种大概率的现象并非规律，不能滥用，因为在绝大多数牛市的顶部和熊市的底部也会有这样的特点。

对于次级折返，汉米尔顿在1921年12月30日的股评文章中进一步指出："华尔街有一句古老的箴言——不要在走势沉闷的市场中做空。熊市中的反弹是快速的，而对于资深的交易者而言，反弹后的沉闷时期恰好是做空的最佳时机。同样，牛市中的情况也差不多，资深交易者会在回调后的沉闷走势**时期买入股票**。"

股市中的重大次级折返运动往往会走出一个心态，也就是整个逆势运动要分两到三个**阶段完成**，并且工业股票指数和铁路股票指数会相互确认。下面就对指数在次级折返运动中的上涨和下跌波动进行举例说明：

某轮牛市在1928年5月4日之后进行了修正，次级折返运动出现了。1928年5月4日在长期上涨的牛市中工业股票指数达到了220.88点，而铁路股票指数则在5月9日达到了147.05点的高位。5月9~14日，这两个指数**之间并未相互确认**。5月22日，工业股票指数跌到了211.73点，而铁路股票指数跌到了142.02点。此后，反弹到了6月2日，工业股票指数上涨到了220.96点，而铁路股票指数上涨到了144.33点就止步了。6月12日，工业股票指数跌到了202.65

道氏理论也讲"高抛低吸"，但有一个大前提那就是——顺势而为。

在艾略特波浪理论当中，修正走势本身也会诸如ABC三浪等结构完成。

两个指数并未同时上涨和创新高，这是一种背离，表明次级折返大概率出现，少数情况下趋势也可能临近尾声。

点，而铁路股票指数跌到了134.78点。然后上涨了两个交易日，6月14日，工业股票指数涨到了210.76点，铁路股票指数涨到了138.10点。6月18日，工业股票指数跌到了201.96点，而铁路股票指数跌到了133.51点。次级折返期间的成交量持续萎缩，最低点只比100万股高一点，但此前上涨的数月之中成交量在200到400万股非常稀松平常。这次下跌在次级折返运动的平常幅度和时间内结束。

股票平均价格指数从1931年6~7月出现了熊市中的典型次级折返运动。此前，从2月24日到6月2日，股市持续下跌，工业股票指数从194.36点跌到了121.70点，而铁路股票指数则从111.58点跌到了6月3日的66.85点。伴随着指数接近阶段低点的过程，成交量持续放大。6月4日，工业股票指数涨到了134.73点，铁路股票指数则在此后一个交易日涨到了76.17点。6月6日，工业股票指数跌到了129.91点，铁路股票指数则跌到了73.72点。接着价格出现了回升，持续到了6月13日，工业股票指数达到了137.03点，铁路股票指数达到了79.65点。6月19日，两个股票指数分别下跌到了130.31点和74.71点之后，次级折返运动中的最后一波上升浪出现了，持续到了6月27日，工业股票指数涨到了156.93点，铁路股票指数涨到了88.31点。成交量在指数反弹到高点之前数日就出现了缩量情况。这次次级折返持续了4周时间，工业股票指数和铁路股票指数分别修正了2月23日开始的主要下降波段的45%和48%。2月24日是上一波反弹的高点，也就是此前一轮下跌的起点。

牛市中次级折返运动具有一个共同特点，那就是当回调到极端低点的时候，成交量会显著放大，然后市场会上涨1~2个交易日，成交量会减少一些，接着再度下跌，但是并未跌破前低，而且成交量是萎缩的，如果在这一规模回调中成交量显著减少，则可以认为次级折返运动结束

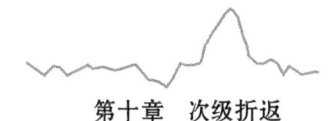

了，上升趋势**重新恢复**。通常情况下次级折返回撤到前一主要运动波段的 33%~66% 结束。本章后面会给出次级折返回撤范围的详细分析。

需要强调的一点是交易者在观察和分析次级折返运动的时候需要同时考虑成交量因素，**虽然成交量不像其他特征那样具有一致性含义，但是在决定牛市调整的买入点位以及熊市反弹的卖出点位上却有极高的价值。**

每当价格或者指数在熊市创出新低或者在牛市创出新高之后，交易者会假设运动会继续，但是我们也需要牢记一点，市场完全可能从新低或者新高位置出现出乎意料的快速次级折返。本章后面会给出次级折返运动的修正幅度范围。次级折返运动是必然发生的，是不可避免的，可以对其形态和持续时间给出定义。通常而言，次级折返持续 3 周到 3 个月不等，这是杠杆交易者的苦日子。次级折返期间会出现众所周知的"双底"或者"双顶"形态。通过确定主要运动与次级折返的转折点，以及次级折返的幅度范围，就可以确定一个**价格修正的范围**，只有价格处于这一正常范围之内，交易者就没有必要担心趋势发生了根本性的改变。在修正走势持续的时间内，经常出现"横向整理"形态。

次级折返相对于主要运动而言更容易描述，但是却在精确定义上存在困难。某些时

利用一个较小规模的 N 字底确认次级折返层次的回调结束，上涨趋势恢复。

33%~66%修正范围可以从斐波那契的维度来确定，成交量的阶段性低点和高点则是第二个维度。除此之外，还有一个时间维度和形态维度。从形态维度来讲一般是 3 浪或者 5 浪构成次级折返。这就是道氏理论对次级折返的分析维度。

这个操作类似于斐波那契点位的确定：第一步确定度量起点；第二步确定单位 1 长度；第三步从起点做出投射点位范围。

艾略特波浪理论当中有一个"交替原理",也就是说2浪和4浪的特征交替。如果2浪是复杂性调整,那么4浪就是简单调整;如果2浪是简单调整,那么4浪就是复杂调整。另外,2浪如果调整幅度深,那么4浪调整幅度往往就比较浅,也就是横向整理;如果2浪调整幅度浅,那么4浪的调整幅度就深。

反弹的产生可能是因为国家队入场或者机构自救,但是往往离不开超卖状态下突然空头力量暂时衰竭的条件。在2015年年中的A股下跌过程中,国家队和券商资金的入场就引发了这里讲到的反弹类型。

40%~60%这个经验法则与斐波那契点位的关键回撤区域"38.2%~61.8%"基本一致,所以可以这样说道氏理论从数据统计发展起来,与斐波那契这类近乎"玄学"的理论竟然也不谋而合。道氏理论的核心是N字结构,而斐波那契波浪理论为这一结构提供了数学比率。

候,次级折返会以横向整理展开,但某些时候却并非**如此**。如果前面的主要运动进展缓慢,那么次级折返往往就会快速展开。而且对于那些持续时间超过8周的次级折返而言,往往伴随着横向整理的出现。

汉米尔顿多年以来对次级折返的时间和幅度进行了大量的探讨,稍微细心一点并且阅读了汉米尔顿全部文章的读者就会发现他的系列文章提到了次级折返的诸多特征。下面给出一些文摘片段,是汉米尔顿对次级折返的典型观点。

数年前,汉米尔顿写道:"次级折返运动倾向于过度发展,过去25年的股市数据表明下跌趋势的反弹往往会达到此前下跌波段幅度的60%。为了维护市场在下跌中买入的强大集团会利用反弹来卖出,此后股市的表现就完全取决于真实的**买入力量了**。在这个看似自发的反弹之后,紧接着就是近乎恐慌情绪的爆发,抛售股票的行为再度展开,股价逐渐回到此前的低点。需要强调一点的是,这样的回升走势并不意味着下跌趋势结束,当然也有可能发生。"(1926年4月4日)

"在恐慌性的剧烈下跌之后,股票平均价格指数往往会出现一个较为规则的反弹,幅度在**40%~60%**。反弹之后,护盘和抢反弹的资金会再度卖出,股价又会继续下跌。"(1907年12月25日)

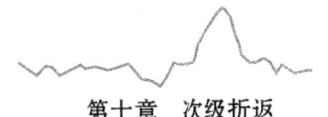

第十章 次级折返

"历史和数据表明市场在暴跌之后会出现40%甚至更大幅度的反弹,其反弹的速率或许要比此前的下跌更小一些,由一些较小的波动构成,某些时候出现类似于钟摆的横向整理,这是股市恐慌性大崩盘之后的常见情况。"(1910年9月20日)

"多年的实践检验表明股票平均价格指数在长期上涨之后的回调一般会跌到前一上升波段的0.5点位处,也就是回撤一半的幅度,然后市场会在前期高点和低点之间来回震荡,直到有新的驱动力量**产生**。"(1906年4月16日)

上面这些对次级折返的论述是汉米尔顿在进行诸多研究工作中得到的灵感,而且事实无疑也证明了这些观点的正确性。这些研究基于一个符合事实的前提,那就是任何想要通过精确数学来阐释道氏理论关于次级折返时间和幅度观点的想法**都会失败**。正如我们之前强调的那样,道氏理论是一门实践性的学问,不能用数学公式来定义。不过,正如气象机构积累的天气记录有助于天气预报一样,对次级运动持续时间和幅度的记录对于研究未来市场也有一些好处。

对道琼斯公司记录了35年的铁路股票和工业股票平均价格指数的次级折返进行定义和选择,最终列成表格,这项工作的难点在于几乎没有任何两个研究者在次级折返的

> 新的驱动力量源自新的驱动因素。道氏理论围绕N字结构展开,但是又涉及了斐波那契比率和驱动因素,象数理三者齐备。

> 道氏理论反对精确化,但是国内却有不少道氏理论的研究者用直边趋势线来阐释和实践道氏理论。斐波那契比率只能作为一个参考维度——解剖行情的维度,因为行情不会按照死板和机械的尺度来运行,而尺度只能作为一个观察和度量工具。

确定标准上有完全一致的意见。我曾经尝试用数种方法对次级折返进行归类，每一种方法都要耗费四周的时间，非常枯燥的工作，但是所有这些方法都无法让人满意。我曾经这样定义次级折返——凡是持续时间不到15天的修正都排除在次级折返之外，但却导致很多重大的修正走势被忽略掉，而一些不重要的修正走势却被保留在次级折返的范畴之内。因此，持续的时间这个因素不应该作为次级折返的门槛标准，而是考虑把5%幅度的波动忽略掉，甚至将波幅门槛提高到7.5%~10%，但是这一方法也会让一些重要的修正被忽略掉，而一些不重要的修正则进入到了次级折返的**范畴**。最终，搞出来一个确定次级折返的方法，但是太过于复杂，所以在这里就不细说了。用这个方法好像可以过滤掉那些小的修正走势，而重要的修正走势则会入选。表10-1统计了根据过去35年道琼斯工业股票平均指数的上涨和下跌波段。表10-2和表10-3则是基于表10-1的日期和价格单列出来的，更为详尽地展示了牛市和熊市中的主要运动和次级折返。对这些数据进行统计处理，可以得出下列有价值的结论：

熊市中主要运动的平均持续时间是95.6天，而次级折返的平均持续时间是66.5天，或者为前期主要运动时间的69.6%。牛市中

> 波幅大的修正怎么可能属于不重要的修正呢？要么是日内的大幅波动，要么是日线上反复大幅波动的区间走势。

第十章 次级折返

表 10-1 道指的统计数据（1932 年英文原版图片）

IMPORTANT PRIMARY AND SECONDARY PRICE MOVEMENTS: DOW-JONES INDUSTRIAL STOCK AVERAGES

	Date	Price	Date	Price	Date	Price	Date	Price	Date	Price
Declined	Apr. 19, '97	38.49	Dec. 15, '02	59.57	Nov. 29, '09	95.89	Apr. 11, '18	75.58	Jun. 12, '22	90.73	Jun. 18, '28	201.98
Rallied	Sep. 10, '97	55.82	Feb. 16, '03	67.70	Dec. 29, '09	99.28	May 15, '18	84.04	Sep. 11, '22	102.05	Sep. 7, '28	241.72
Declined	Nov. 8, '97	45.65	Aug. 8, '08	47.88	Feb. 8, '10	85.03	Jun. 1, '18	77.93	Sep. 30, '22	96.80	Sep. 27, '28	236.87
Rallied	Feb. 5, '98	50.23	Aug. 17, '03	53.88	Mar. 8, '10	94.56	Sep. 3, '18	83.84	Oct. 14, '22	103.43	Nov. 28, '28	295.62
Declined	Mar. 25, '98	42.00	Oct. 15, '03	42.25	Jul. 26, '10	78.62	Sep. 11, '18	80.46	Nov. 27, '22	92.03	Dec. 8, '28	257.33
Rallied	Jun. 2, '98	58.86	Jan. 27, '04	50.50	Oct. 18, '10	86.02	Oct. 18, '18	89.07	Mar 20, '23	105.38	Feb. 5, '29	322.06
Declined	Jun. 15, '98	50.87	Mar. 12, '04	46.41	Dec. 6, '10	79.68	Feb. 8, '19	79.15	May 21, '23	92.77	Mar. 25, '29	297.50
Rallied	Aug. 26, '98	60.97	Dec. 5, '04	78.23	Jun. 19, '11	87.06	Jul. 14, '19	112.23	May. 29, '23	97.66	May 4, '29	327.08
Declined	Oct. 19, '98	51.56	Dec. 12, '04	65.77	Sep. 25, '11	72.94	Aug. 20, '19	98.46	Jul. 31, '23	86.91	May 27, '29	293.42
Rallied	Apr. 25, '99	77.28	Apr. 14, '05	83.75	Apr. 26, '12	90.93	Nov. 3, '19	119.62	Aug. 29, '23	93.70	Sep. 3, '29	881.17
Declined	May 31, '99	67.51	May 22, '05	71.87	Jul. 12, '12	87.97	Nov. 29, '19	103.60	Oct. 27, '23	85.76	Nov. 13, '29	198.69
Rallied	Sep. 5, '99	77.61	Jan. 19, '06	108.00	Sep. 80, '12	94.15	Jan. 3, '20	109.88	Feb. 6, '24	101.81	Apr. 17, '30	294.07
Declined	Dec. 18, '99	58.27	Jul. 18, '06	85.18	Mar. 20, '18	78.25	Feb. 25, '20	89.98	May 20, '24	88.33	Jun. 24, '30	211.84
Rallied	Feb. 5, '00	68.36	Oct. 9, '06	96.75	Apr. 4, '18	83.19	Apr. 8, '20	105.65	Aug. 20, '24	105.57	Sep. 10, '30	245.09
Declined	Jul. 23, '00	53.68	Mar. 25, '07	75.39	Jun. 11, '18	72.11	May 19, '20	87.36	Oct. 14, '24	99.18	Dec. 16, '30	157.51
Rallied	Aug. 15, '00	58.90	May 3, '07	85.02	Feb. 8, '14	83.19	Jul. 8, '20	94.51	Jan. 22, '25	123.60	Feb. 24, '31	194.36
Declined	Sep. 24, '00	52.96	Aug. 21, '07	69.26	*Dec. 24, '14	53.17	Aug. 10, '20	83.20	Mar. 30, '25	115.00	Jun. 2, '31	121.70
Rallied	Nov. 20, '00	69.07	Sep. 6, '07	78.89	Jan. 23, '15	58.52	Sep. 17, '20	89.95	Feb. 13, '26	162.08	Jun. 27, '31	156.98
Declined	Dec. 8, '00	63.98	Nov. 22, '07	53.08	Feb. 24, '15	54.22	Dec. 21, '20	66.75	Mar. 30, '26	135.20	Oct. 5, '31	86.48
Rallied	Dec. 27, '00	71.04	Jan. 14, '08	65.84	Apr. 30, '15	71.78	May 5, '21	80.03	Aug. 14, '26	166.64	Nov. 9, '31	116.79
Declined	Jan. 19, '01	64.77	Feb. 10, '08	58.80	May 14, '15	60.38	Jun. 20, '21	64.90	Oct. 19, '26	145.66		
Rallied	May 1, '01	75.93	May 18, '08	75.12	Oct. 22, '15	96.46	Aug. 2, '21	69.95	May 31, '27	172.96		
Declined	May 9, '01	67.38	Jun 23, '08	71.70	Apr. 22, '16	84.96	Aug. 24, '21	63.90	Jun. 27, '27	165.73		
Rallied	Jun. 17, '01	78.26	Aug. 10, '08	85.40	Nov. 21, '16	110.15	Sep. 10, '21	71.92	Oct. 3, '27	199.78		
Declined	Aug. 6, '01	69.05	Sep. 22, '08	77.07	Feb. 2, '17	87.01	Oct. 17, '21	69.46	Oct. 22, '27	179.78		
Rallied	Aug. 26, '01	73.83	Nov. 13, '08	88.88	Jun. 9, '17	99.08	Dec. 15, '21	81.50	Jan. 3, '28	208.35		
Declined	Dec. 12, '01	61.61	Feb. 23, '09	79.91	Dec. 19, '17	65.95	Jan. 10, '22	78.59	Feb. 20, '28	191.33		
Rallied	Apr. 24, '02	68.64	Aug. 14, '09	99.26	Feb. 19, '18	82.08	May 29, '22	96.41	Jun. 2, '28	220.96		

*Adjusted for change in averages from 12 to 20 stocks which artificially reduced the price of the industrial average 19.84 points.

表 10-2 道指牛市中的统计数据（1932 年英文原版图片）

主要运动					次级折返		修正幅度
From	To	Days	Change	Completed	Days	Points Reacted	Percentage of Primary Retraced
Apr. 19, '97	Sept. 10, '97	144	17.33	Nov. 8, '97	59	10.17	58.6
Nov. 8, '97	Feb. 5, '98	89	4.58	Mar. 25, '98	48	8.23	179.5
Mar. 25, '98	June. 2, '98	69	11.86	Jun. 15, '98	13	2.49	21.9
Jun. 15, '98	Aug. 26, '98	72	10.10	Oct. 19, '98	54	9.41	98.2
Oct. 19, '98	Apr. 25, '99	188	25.72	May 31, '99	36	9.77	38.0
May 31, '99	Sept. 5, '99	97	10.10				
Sep. 24, '00	Nov. 20, '00	57	16.11	Dec. 8, '00	18	5.09	31.5
Dec. 8, '00	Dec. 27, '00	19	7.06	Jan. 19, '01	23	6.27	88.8
Jan. 19, '01	May. 1, '01	102	11.16	May 9, '01	8	8.56	76.5
May 9, '01	June. 17, '01	39	10.88				
Oct. 15, '08	June. 27, '04	104	8.25	Mar. 12, '04	44	4.09	49.6
Mar. 12, '04	Dec. 5, '04	268	26.82	Dec. 12, '04	7	7.46	27.8
Dec. 12, '04	Apr. 14, '05	123	17.98	May 22, '05	38	12.38	69.0
May 22, '05	Jan. 19, '06	242	31.63				
Nov. 22, '07	Jan. 14, '08	53	12.76	Feb. 10, '08	27	7.04	55.4
Feb. 10, '08	May. 18, '08	97	16.32	Jun. 23, '08	36	3.42	20.9
Jun. 23, '08	Aug. 10, '08	48	13.70	Sep. 22, '08	43	8.33	60.8
Sep. 22, '08	Nov. 13, '08	52	11.31	Feb. 23, '09	102	8.47	74.9
Feb. 23, '09	Aug. 14, '09	172	19.35				
Sep. 25, '11	Apr. 26, '12	218	17.99	Jul. 12, '12	77	2.96	16.5
Jul. 12, '12	Sept. 30, '12	80	6.18				
Dec. 24, '14	Jan. 23, '15	30	5.35	Feb. 24, '15	32	4.30	80.4
Feb. 24, '15	Apr. 30, '15	65	17.56	May 14, '15	14	11.40	64.9
May 14, '15	Oct. 22, '15	161	36.08	Apr. 22, '16	182	11.50	31.8
Apr. 22, '16	Nov. 21, '16	213	25.19				
Dec. 19, '17	Feb. 19, '18	62	16.13	Apr. 11, '18	51	6.50	40.3
Apr. 11, '18	May. 15, '18	84	8.46	Jun. 1, '18	17	6.11	72.3
Jun. 1, '18	Sept. 8, '18	94	5.91	Sep. 11, '18	8	3.38	57.2
Sep. 11, '18	Oct. 18, '18	37	8.61	Feb. 8, '19	113	9.92	115.1
Feb. 8, '19	July. 14, '19	156	33.08	Aug. 20, '19	37	13.77	41.6
Aug. 20, '19	Nov. 8, '19	75	21.16				
Aug. 24, '21	Sept. 10, '21	17	8.02	Oct. 17, '21	37	2.46	30.7
Oct. 17, '21	Dec. 15, '21	59	12.04	Jan. 10, '22	26	2.91	24.2
Jan. 10, '22	May. 29, '22	139	17.82	Jun. 12, '22	14	5.68	31.8
Jun. 12, '22	Sept. 11, '22	91	11.82	Sep. 30, '22	19	5.75	50.7
Sep. 30, '22	Oct. 14, '22	14	7.13	Nov. 27, '22	44	11.40	160.0
Nov. 27, '22	Mch. 20, '23	118	13.35				

续表

主要运动					次级折返		修正幅度
From	To	Days	Change	Completed	Days	Points Reacted	Percentage of Primary Retraced
Oct. 27, '23	Feb. 6, '24	102	15.55	May 20, '24	103	12.98	83.4
May 20, '24	Aug. 20, '24	92	17.24	Oct. 14, '24	55	6.39	37.1
Oct. 14, '24	Jan. 22, '25	100	24.42	Mar. 30, '25	67	8.60	35.2
Mar. 30, '25	Feb. 13, '26	320	47.08	Mar. 30, '26	45	26.88	56.3
Mar. 30, '26	Aug. 14, '26	137	31.44	Oct. 19, '26	66	20.98	66.6
Oct. 19, '26	May. 31, '27	224	27.30	Jun. 27, '27	27	7.23	26.4
Jan. 27, '27	Oct. 3, '27	98	34.05	Oct. 22, '27	19	20.00	58.6
Oct. 22, '27	Jan. 3, '28	73	23.57	Feb. 20, '28	48	12.02	51.2
Feb. 20, '28	June. 2, '28	102	29.68	Jun. 18, '28	16	19.00	64.1
Jun. 18, '28	Sept. 7, '28	81	39.76	Sep. 27, '28	20	4.85	12.4
Sep. 27, '28	Nov. 28, '28	62	58.75	Dec. 8, '28	10	38.29	65.4
Dec. 8, '28	Feb. 5, '29	59	64.73	Mar. 25, '29	48	24.56	37.9
Mar. 25, '29	May. 4, '29	40	29.58	May 27, '29	23	33.66	114.0
May 27, '29	Sept. 3, '29	99	87.75				

表 10-3 道指熊市中的统计数据（1932 年英文原版图片）

主要运动					次级折返		修正幅度
From	To	Days	Change	Completed	Days	Points Reacted	Percentage of Primary Retraced
Sep. 5, '99	Dec. 18, '99	104	19.34	Feb. 5, '00	49	10.09	51.7
Feb. 5, '00	Jun. 23, '00	138	14.68	Aug. 15, '00	53	5.22	35.6
Aug. 15, '00	Sep. 24, '00	40	5.94				
Jun. 17, '01	Aug. 6, '01	50	9.21	Aug. 26, '01	20	4.78	51.9
Aug. 26, '01	Dec. 12, '01	108	12.22	Apr. 24, '02	133	6.83	55.9
Apr. 24, '02	Dec. 15, '02	235	8.77	Feb. 16, '03	63	8.13	92.7
Feb. 16, '03	Aug. 8, '03	178	20.32	Aug. 17, '03	9	6.50	31.5
Aug. 17, '03	Oct. 15, '03	59	11.63				
Jan. 19, '06	Jul. 13, '06	175	17.82	Oct. 9, '06	88	11.57	64.9
Oct. 9, '06	Mar. 25, '07	167	21.36	May 3, '07	39	9.63	45.2
May 3, '07	Aug. 21, '07	110	15.77	Sept 6, '07	16	4.64	29.5
Sep. 6, '07	Nov. 22, '07	77	20.81				
Aug. 14, '09	Nov. 29, '09	107	3.87	Dec. 29, '09	30	3.39	100.6
Dec. 29, '09	Feb. 10, '10	41	14.25	Mar. 8, '10	28	9.53	66.9
Mar. 8, '10	Jul. 26, '10	140	20.94	Oct. 18, '10	84	12.40	58.5
Oct. 18, '10	Dec. 6, '10	49	6.34	Jun. 19, '11	195	7.38	116.5
Jun. 19, '11	Sep. 25, '11	98	14.12				
Sep. 30, '12	Mar. 20, '18	171	15.90	Apr. 4, '13	15	4.94	31.1

续表

主要运动					次级折返		修正幅度
From	To	Days	Change	Completed	Days	Points Reacted	Percentage of Primary Retraced
Apr. 4, '13	Jun. 11, '13	68	11.08	Feb. 3, '14	237	11.08	100.0
*Feb. 3, '14	Dec. 24, '14	324	10.80				
Nov. 21, '16	Feb. 2, '17	73	23.14	Jun. 9, '17	127	12.07	52.2
Jun. 19, '17	Dec. 19, '17	135	33.13				
Nov. 3, '19	Nov. 29, '19	26	16.02	Jan. 3, '20	35	6.28	39.2
Jan. 3, '20	Feb. 25, '20	53	19.90	Apr. 8, '20	42	15.67	78.7
Apr. 8, '20	May. 19, '20	41	18.29	Jul. 8, '20	50	7.15	39.1
Jul. 8, '20	Aug. 10, '20	33	11.31	Sep. 17, '20	38	6.75	59.6
Sep. 17, '20	Dec. 21, '20	95	23.20	May 5, '21	135	13.28	56.6
May 5, '21	June. 20, '21	46	15.13	Aug. 2, '21	43	5.05	33.4
Aug. 2, '21	Aug. 24, '21	22	6.05				
Mar. 20, '23	May. 21, '23	62	12.61	May 29, '23	8	4.89	38.8
May 29, '23	Jul. 31, '23	63	10.75	Aug. 29, '23	29	6.79	63.2
Aug. 29, '23	Oct. 27, '23	59	7.94				
Sep. 3, '29	Nov. 13, '29	71	182.48	Apr. 17, '30	155	95.38	52.3
Apr. 17, '30	Jun. 24, '30	68	82.23	Sep. 10, '30	78	33.25	40.4
Sep. 10, '30	Dec. 16, '30	97	87.58	Feb. 24, '31	70	36.85	42.1
Feb. 24, '31	Jun. 2, '31	98	72.66	Jun. 27, '31	25	35.23	48.5
Jun. 27, '31	Oct. 5, '31	100	70.45	Nov. 9, '31	35	30.31	48.0
Nov. 9, '31	Jan. 5, '82	57	45.55				

主要运动的平均持续时间为103.5天，次级折返的平均持续时间是42.2天，或者为前期主要运动**时间的40.8%**。

汉米尔顿常常指出次级折返的持续时间从3周到数月不等，在对这条经验规律进行验证的时候发现熊市中65.5%的次级折返是在20~100天结束的，其平均值为47.3天。熊市中45%的次级折返是在25~55天内结束的。牛市中60.5%的次级折返是在20~100天结束的，其平均值为42.8天。牛市中

次级折返的持续时间也相当于一个38.2%~61.8%的比率范围。不过，这个统计数据的特征是牛长熊短，这跟A股恰好相反，所以这里的结论不能照搬。

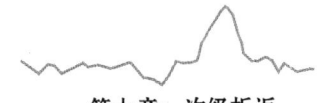

第十章 次级折返

44.2%的次级折返运动是在 **25~55 天结束的**。

汉米尔顿也经常指出次级折返一般会回撤先前主要运动幅度的 40%~60%。数据统计表明，熊市中全部次级折返的平均回撤幅度是此前主要运动幅度的 55.8%，其中 72.5% 的次级折返的回撤幅度会超过此前主要运动幅度的 1/3 同时小于 2/3，这个范围内的次级折返的平均幅度是 49.5%。

而牛市中全部次级折返的修正幅度是 58.95%，其中 50% 的次级折返会在 1/3~2/3 的修正幅度内结束，这个范围内的次级折返的平均幅度是 54.9%。

由此来看，无论熊市还是牛市次级折返都有类似的特征，可以作为整体来对待，而不是将反弹与回调完全区隔开来。基于这样的统计思路来看，所有的主要运动平均持续 100.1 天，而所有的次级折返平均持续 52.2 天，平均修正幅度是主要运动的 57.6%。

倘若所有有意义的次级折返的修正幅度是 57%，那么投机就变得太过于容易了。现实世界让交易变得异常困难，经过统计可以发现：7.1%次级折返的修正幅度是 10%~25%；25.4%次级折返的修正幅度是 25%~40%；18.8%次级折返的修正幅度是 40%~55%；26.7%次级折返的修正幅度是 55%~70%；8.5%次级折返的修正幅度是 70%~85%；最后还有 14%的次级折返的修正幅度

次级折返什么时候结束，什么点位结束，每一次有每一次的具体参数，如何确定这一具体参数呢？我的经验是结合一些具体的数据发布和共识预期极端值。

超过了85%。

在对次级折返进行分析和预判的时候,时间因素通常非常有用,因为73%的次级折返运动会在55个交易日内完成,60%次级折返会在25~55个交易日完成。

第十一章

日内波动
Daily Fluctuations

> 汉米尔顿反复强调:"股票市场的日内波动是毫无逻辑性可言的。"

道氏理论研习者只根据某一个交易日的股票平均价格指数来推导和预判未来很容易得到误导性的观点，只有等待指数形成了横向整理形态之后，进行预判和推导**才有意义**。不管怎样，研习者务必要每天坚持记录和研究指数波动，只有通过系列连续的日走势图，才会最终形成便于识别具有预判价值的形态。

　　单就某一个交易日的指数波动而言，并无太大的意义，但是却不能因此忽略掉某一个交易日的指数数据，因为有意义的形态是由它们组成的，当这些单个交易日组成具有确定意义的形态时，我们才能对指数运动的整体进行研究。建造一座大桥不可能只依赖于一截钢材，但是桥梁工程师们深知完整的桥梁结构离不开**一截一截的钢材**。

　　当股市在较长时间内形成横向整理走势，这期间的日内波动就非常有预判价值数日，数周，甚至数月形成了横向整理形态被突破后具有很强的预判能力。日内的横向整理往往也具有较高的日内短线交易价值。K线形态中的吞没形态和孕线形态中的小实体线其实就是某种日内的横向整理。

　　道氏理论强调不能"只见树木，不见森林"，但是也补充道，树木是森林的基础。道氏理论的核心是"取势"，但是这个势却是由波动具体构成的，有主要运动、次级折返和日内波动。

就我接触的A股短线高手而言，他们有些采用打板策略，有些采用上升趋势单日阴线买入等，不一而足，他们对日内波动的看法与汉米尔顿有很大区别。你如何看待这个问题呢？是相信汉米尔顿的理论前辈呢，还是相信这些赚得盆满钵满的实践高手呢？你怎么做才能够调和这两个看似矛盾的论调呢？光是看书，光是接受现成的答案是无法进步的，大家自己要多提问，多思考。

观其大旨，这才是道氏理论的出发点，而不是贪多求全。

了，这种情形与道氏理论的运用关系密切，后面的章节将对此进行较为详细的展开。除了这种特别情况之外，如果我们执着于根据某日的指数进行预判，那么犯错几乎不可避免。交易者根据单日指数的日内波动来推断趋势，这就好比瞎子摸象，只能乱猜而已，这绝不是正确运用道氏理论的路径，最终误用者可能将自己的错误算到道氏理论头上。汉米尔顿反复强调："股票市场的日内波动是毫无逻辑性**可言的**。"（1929年7月29日）

但是，坚持利用日内波动研习获利的交易者并不在少数，汉米尔顿下列这番说辞给出了一丝希望："股票市场的日内波动少数时候也会给出某种帮助。"（1910年8月30日）

不过，汉米尔顿提醒我们，道氏理论通常都不会在意日内的价格**波动**。

第十二章

两个指数的相互确认原则
Both Averages Must Confirm

> 我们要想高效地利用道氏理论，就必须彻底明白两个指数相互确认的必要性。即便我的反复强调显得啰嗦，但却是非常必要的。

道氏理论研习者务必要同时考虑铁路股票平均指数和工业股票平均指数，两个指数要相互确认才是有效的信号。只有两者相互确认了，研习者才能得到可靠的市场预判结论。倘若研习者只能依据其中一个指数做出预判，并未得到另外一个指数的确认，那么这样的市场结论几乎**肯定会导致误判**。

道氏理论当中最有价值的部分之一，也是在运用道氏理论时每天都应铭记在心的部分，那就是只有当股市的运行同时得到了两个指数的确认时，才考虑信号的价值。许多号称道氏理论高手的人碰巧在交易工业板块股票时就只看工业股票指数，这是违背道氏理论基本精神的。一些人只看一个指数走势图就号称自己能够正确解读股市走势。偶尔瞎猫也能碰上死耗子，但是长此以往必然导致灾难性的结果。

为什么要指数相互确认呢？这是为了过滤虚假的突破信号。另外，铁路股票指数代表经济中物流部分的景气预期，而工业股票指数代表经济中生产部分的景气预期。而可持续性的繁荣，必然是物流和生产同时处于景气状态，所以两者的相互确认也是基于经济持续景气的必然表现。现代道氏理论的代表人物中已经有人引入了第三个指数来加强信号过滤，效果还有待长期数据检验。

铜与经济发展关系密切，一般铜被称为"铜博士"，因为它的价格走势被认为是经济走势的高效预测指标之一，媲美最优秀的经济学家。原油与经济关系密切，但是滞后性强，比如贝尔斯登危机出现之后，原油还一度上涨到了147美元附近。

外汇市场上非美货币走势的相互确认也是一个重要的信号，比如商品货币的相互确认，避险货币的相互确认等等。国内商品市场上的油脂品种之前的相互确认也有用，相对的强弱也体现出一些深层次的矛盾，棕榈油、豆油和菜籽油基本同向波动。当出现背离的时候，背后的信息就更加值得去解读了。A股市场上的上证指数，深成指数和创业板指数之前的关系也值得玩味，每个做A股投机的交易者都非常关注几大指数的关系，道氏理论的跨指数分析是一个思路，你可以去发展和拓展，不必拘泥。虽然雷亚口气"强硬"地表示只有基于铁路指数和工业指数的理论才是真正的道氏理论，但是你觉得有必要亦步亦趋吗？查尔斯·道本人可从未这样武断地让自己的理论僵化。实践是检验真理的唯一标准，不唯书，不唯上，只唯实，这才是道氏理论研习者的唯一准则。

某些道氏理论研习者认为公用事业股票平均价格指数比铁路股票平均价格指数更有意义，因为前者的交投更为活跃。我在这里并不想就这个问题本身展开讨论，或许更好的回应方式是提出一系列启发我们思考的问题：为什么采用铜矿股票平均**价格指数呢**？为什么不用汽车股票平均价格指数呢？对于那些认为应该使用公用事业股票指数的人的最好回答应该是，数据测试表明利用公用事业股票指数来搭配工业股票指数来实践道氏理论的效果并不好。道氏理论是基于铁路和工业股票指数这两者之上的，任何其他工具构建的理论都不是汉米尔顿所定义和阐释的道氏理论。

为什么查尔斯本人并未尽力澄清两个指数必须相互确认的理由，这着实让人费解。道氏理论建立在观察到指数相互确认的基础上，当汉米尔顿在撰写经典之作《股市晴雨表》的时候，也同样忽略了解释为什么铁路股票指数与工业股票指数相**互确认的缘由**。因此，我觉得有必要对此加以补充说明，试图对此做一些简单的逻辑论证，弄清其中的原委。

原委要从经济本身讲起，我们先思考一下经济周期本身是怎样的过程：在经过一段时间的衰退和萧条之后，工厂产能闲置，失业率高，谋生艰难。商品的库存很少，因为购买能力下降导致厂商不愿意进行存货投资，公司利润当然也暴跌。但是，大家的基本需求，比如吃穿，仍旧要维持，有更多的新生命来到这个世界上，机器设备的利用率在下降，而劳动力成本也在大幅削减。直到某一天钢铁公司的销售经理翻阅行业研究报告时发现，虽然手头没什么新订单，但是到处都在开工新建桥梁和住宅，而这些工程未来肯定需要大量的钢材，因此需要提前备货。销售经理将这些情况向上汇报给了总经理，然后总经理询问车间主任，如果经济开始复苏，提升产能利用率需要多长时间，而车间主任回答说需要更换高炉的配件才能增加产量。总经理在董事会提出了这一要求，董事会批准了，然后维修更换工作开始了。诸如砖块、水泥、沙子等建材经铁路运输到达钢厂，同时雇佣了专业工人来更换高炉的配件。铁路公司的运输经历向总经理报告了钢厂最新的运输需求，并且建议如果钢厂后续产量提高那么必然对铁矿石的需求会增加。然后铁路公司的总经理和主管人员讨论相关前景，最后决定检修和恢复此前停止运行的铁矿石运输车，为钢厂提升产能利用率做准备。维修高炉和铁矿石运输车的雇工们获得了收入，这些人的购买力就增强了，他们会去购买皮鞋等生活用品，这样就减少了零售商的存货。还是以皮鞋作为例子来说明

从产业链的角度来分析经济周期是奥地利学派的特点，剑桥学派和凯恩斯学派都是习惯于平面化的研究，忽略经济过程。

这个过程，零售商会增加在鞋厂的订单，制鞋厂则需要更多的皮革和工人。为了建造桥梁和住宅，建筑商需要购买更多的钢材，结果拉动了一系列的产业，在其他产业链条当中也有**类似的现象**。

现在钢铁公司发表的报表虽然在小范围内引起了投资者的关注，但是还没有实质的显著利润发生，或许像前面提到的那样新订单最初还不多。但是，无论如何，运输建材和铁矿石的铁路公司有越来越多的现金入账，同时运量也在逐步上升。如果这个逻辑链条没有问题，那么铁路股票的上涨即便不是领先于工业股票也是与其同步的。工业厂商购买的原料必须经过运输才能到达工厂，即便有其他类型极具竞争力的运输方式，铁路还是非常**有优势的**。

> 最近几年，巴菲特大举购买铁路股票看重的到底是什么优势呢？

我们要想高效地利用道氏理论，就必须彻底明白两个指数相互确认的必要性。 即便我的反复强调显得啰嗦，但却是非常必要的。为了让大家对此有更深的印象，我引用了一些汉米尔顿的相关论述，下面的文摘片段都是出自他本人的文章：

"道氏理论要求两个指数必须相互确认。在股市主要运动的初期阶段这一相互确认特征是非常明显的，但是当股市进入次级折返的时候，这一特征就不那么明显了。强调相互确认的原因显而易见，这与《股市晴雨表》

第十二章 两个指数的相互确认原则

的谨慎思想一致,《股市晴雨表》之所以成为经典,并非因为其张扬,而是因为其稳健**而保守**。"(1926年4月6日)

"工业板块股票的次级折返比铁路板块股票的次级折返更为剧烈,也许一般的次级折返都是铁路板块引领的。但是,无论哪种情况,20只铁路指数活跃成份股与20只工业指数活跃成份股之间的运动并不是完全同步的,并不是说一者涨多少点,另一者也同时涨多少点,不会出现**完全同步的情况**。"(《股市晴雨表》)

"就那些未能同时得到另外一个平均股票价格指数确认的运动而言,查尔斯·H.道基本都忽略了这样的信号。从查尔斯离世以来的市场数据表明这是一个明智的做法。道氏理论认为对于下跌走势中的反弹,当两个指数都跌破了上一波下跌的低点时,主要趋势的起点也可以从**这里开始**。"(1928年6月25日)

"同时对于两个平均价格指数进行操控并非易事。除非一个指数得到另外一个指数的确认,否则我们绝不会重视其中的信号。"(1928年7月30日)

"某些信号就算看起来是明显的信号,但是因为没有得到两个指数的同时确认,经济前景仍旧具有很高的不确定性,股市亦然。"(1924年5月24日)

背离和确认是经常用到的分析手段。市场之间,指数之间,板块之间,品种之间,基本面与技术面之间,价量之间,技术面与心理面之间等等不一而足,你可以运用背离和确认的范畴太多。

汉米尔顿在这里区分了"确认"和"同步"。道氏理论要求走势要相互确认,但未要求同步。

反弹后创新低,这就是一个向下的N字结构。

道氏理论：顶级交易员深入解读

到底什么是道氏理论中的两个指数相互确认？具体指的是什么？就我个人的理解而言，主要是看两个指数是否同时或者数个交易日内相继突破重要阻力点位或者是跌破重要支撑点位。

现在的金融市场比以前更加复杂，因此在假突破问题上需要更加全面细致的分析，殚精竭虑也不为过。除了通过指数间相互确认来过滤假突破信号之外，还可以考虑突破时的成交量、市场共识预期和驱动因素等。

"现在经常有以道氏理论指数为基础而展开的股市讨论，但是我需要反复强调的一点是从某一只股票指数得出的信号可能也有意义，但是更可能是虚假信号。从两个指数得出的经过相互确认的信号则会具有较高的价值。"

"因此，两周之前，当铁路股票平均价格指数单独创出新高后不久，工业股票平均价格指数也跟随其创出新高，这就是一个很强的牛市信号。因此，工业股票指数确认铁路股票指数的上涨运动，这就正面确认了上升趋势。"（1922年7月24日）

"存在一条可信的经验法则，即两个股票平均价格指数必须相互确认，这也是为什么选择了两组各20只不同类型股票分别构建指数的原因，而不是选择一组40只股票构建一个指数。"（1925年5月25日）

"**一个平均价格指数创新高或者新低并未得到另外一个平均价格指数的确认，那么这个突破信号基本上都是假信号**。原因不难解释，因为不同组别的股票价格之间是有联系的，即便铁路类股票的做空力量已经殆尽，但是如果工业类股票还处于抛售中，则两个指数就不能**同时上涨**。"（1913年6月4日）

"基于历史经验而言，指数的单独运动同样是假信号，但是当两个指数同时上涨或

第十二章 两个指数的相互确认原则

者下跌的时候,这一信号对股市整个趋势具有很强的风向标意义。"(1913年9月8日)

"当某个指数跌破了前期低点,而另外一个指数却并未跌破或者是当某个指数升破了前期高点,而另外一个指数却并未升破,那么这类突破信号往往**都是虚假的**。"(1915年2月10日)

"单从一个指数走势得出的结论如果没有得到另外一个指数的确认,那么这一结论有时候可能是错误的,需要谨慎对待。"(1925年6月26日)

"需要再度强调的一点是,除非两个股票平均价格指数相互确认,否则某一指数独自发出的信号是具有误导性的。"(1915年6月9日)

"道氏理论在对指数运动的研究过程中反复发现和印证了一个事实,那就是20只铁路股票的平均指数与20只工业股票的平均指数必须相互确认,只有这样的信号才能给出可信任的**市场预判**。"(1922年7月8日)

"一个指数创新高或者新低但是没有得到另外一个指数的确认,确实可以认为这样的突破信号具有欺骗性。从这两个指数建立起来开始,每次确认趋势的突破运动必然在两个指数上几乎同时出现新高或者新低。"(1921年5月10日)

"当工业股票指数和铁路股票指数同时

运动的三个层次与指数的相互确认有什么样的关系呢?

指数相互确认这个原则现在基本上已经被很多自称为道氏理论高手的人所忽略,不知道这样的做法是有效的还是无效的?在学习过程中,你做何想法呢?理由是什么?在什么样的情况下你的想法是错误的?

实际交易经验欠缺者对于道氏理论的普遍认识是感觉不如其他具体技术工具好用，有一种大而不当的感觉，因为道氏理论没有具体的画线工具，没有具体的精确比率，没有公式定义的指标。但是，随着你对实际交易的深入，就会发现道氏理论在告诉你趋势到底是怎么构成的，如何确认，道氏理论的核心在于"取势"。

在那个时代，日内波动的数据很难全面准确地获得，比如每笔成交，及时的财经信息，等等，因此道氏理论奠定基础的年代是一个具体的历史时期，我们在考虑道氏理论的诸多结论时需要放到这一背景下考虑。无论如何，日内波动的把握难度高于主要运动和次级折返。

创出新高时，趋势向上的风向标作用就非常可靠。"（1919年7月16日）

"当一个平均价格指数突破横向整理区间，而另外一个指数并未突破时，这个突破信号往往是虚假的。相反情况下，如果两个指数几乎同时突破，那么大量的历史数据表明突破信号对趋势的预示作用是**高效的**。"（1914年4月16日）

"最容易犯错的做法是根据单一指数的信号行动，而忽略了另外一个平均指数的确认。"（《股市晴雨表》）

"正如经验表明的那样，毫无必要要求两个指数在同一天出现突破新低或者新高的突破信号。只要两个指数相继形成新高或者新低突破，那么即便没有在同一天出现突破，我们也认为市场趋势确认或者出现了变化。"（《股市晴雨表》）

"这个案例表明两个指数在运动强度上可能存在差别，但是在运动方向上却不会有完全的不同，特别是在主要运动当中。多年来的指数运动数据都证实了上述规则的有效性。不光是主要运动层次，在次级折返层次也是如此。但是这条规则对于日内波动却不可靠，而在个股上的运用也会**导致犯错**。"（《股市晴雨表》）

股票平均价格指数的研习者们将会发现此前有一段时间内铁路股票指数和工业股票

指数停止了相互确认,这是因为美国参加了第一次世界大战之后,铁路被政府接管,这样铁路行业成了受到管制的公用事业,好比固定收益的债券资产一样。因此,在这段特殊的历史中,铁路股票上的投机行为减少了不少,铁路股票变得像债券一样。因此,在研究平均价格指数的时候应该将这段特殊**时期排除在外**。

指数本身也不是万能的,还要考虑具体的历史背景。

第十三章

趋势的确认
Determining The Trend

> 道氏理论总是忽略单个指数发出的未经另外一个指数确认的信号。从查尔斯·H.道趋势迄今的历史数据表明，基于这一原则去解读股市是合理可靠的。从道氏理论的角度来看，向下的次级折返运动也许会成为熊市的主要运动，但是只有当两个指数都出现了这样的运动时，这样的向下突破才有意义。

如果上涨波段能够不断突破前期的高点，而回调的低点也在此前低点之上，那么这样的走势就是牛市。相反情况下，如果上涨波段不能超过前期高点，而下跌的低点却越来越低，那么这样的走势就是**熊市**。这个推论在分析次级折返的时候很有帮助，但是这项推论的最重要好处在于预判趋势的恢复、持续和改变。出于讨论的方便，我们将那些在一个或者多于一个交易日时段内指数反向波动超过3%的波段当作一个上升浪或者下跌浪。这种波段信号只有等到两个指数的同向**确认才可靠**。不过这种确认并不要求一定要发生在同一天。

> 低点和高点都越来越高就是牛市，这就是连续出现向上N字结构；低点和高点都越来越低就是熊市，这就是连续向下N字结构。

汉米尔顿对于牛市主要运动中上升浪的含义给出了清晰的阐释："在解读平均价格指数的过程中，一个经过彻底验证的规则为，只要在一个主要运动的上升浪中两个指数同时创出了新高，那么主要趋势波段就会

> J. L. 也曾利用特定涨跌百分比来定义有价值的波段。

持续。所谓两个指数同时创出高点，并不是要求在同一个交易日，甚至只要在同一周内创新高也算作是同时创新高。"（1921年12月30日）

道氏理论研习者需要铭记一点——单个指数创新高或者新低倘若没有得到另外一个指数的确认，那就具有误导性。单一指数突破行为虽然偶尔也被证明具有重大意义，但是经常只是**一种次要的运动**。

能否突破高点或者低点是主要运动与次级折返的一个主要区别，另外一个区别则是一个指数的突破能否得到另外一个指数突破的确认，单一指数的突破也不能算作是主要运动，而只能算次级折返。如果说以N字结构来判断趋势是第一步，那么两个关联标的上N字结构的相互确认则是趋势判断的第二步。只有经过这两步才能确认趋势，一般我们都只做了第一步。

指数创出新高或者新低，同时得到了指数间的相互确认，这就表明主导趋势持续的力量仍旧存在，直到出现明确的信号表明趋势完结或者反转。因此，倘若在牛市中出现了新的高点，那就意味着牛市还将持续一段时间。另外，如果一个指数出现了回调，跌到了前期高点之下，甚至跌破了最近一个低点，但是另外指数并未确认，那么这表明牛市并未结束，趋势仍旧由牛市主导。汉米尔顿对这类情况做出了如下解释："道氏理论的预测功能并不时刻都在发挥作用，根据查尔斯·H.道的理论模型，一个信号在没有被另外一个信号否定之前仍旧具有效力，甚至能够因为指数相互确认加强，比如当工业股票平均指数确认铁路股票平均指数的时候，或者前者确认后者也是一样。"（1929年9月23日）

倘若牛市出现了显著的次级折返，也就

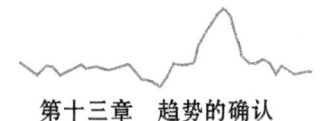

是大幅回调，而此后的上涨浪却并没有在恰当的时间内创出新高，而且价格还进一步暴跌，以至于跌破了前期次级折返的低点，通常而言这样的情况表明，主要运动已经从牛市**转为熊市**。反过来讲，在熊市中两个指数都创出了新低，然后出现了显著的反弹，但是反弹后的再度下跌并未让两个指数创出新低，反而出现上升浪并且突破了前期反弹的高点，那么主要趋势就变成牛市。当我们把这条法则放到过去35年的指数走势图中检验的时候发现只有几次例外。

> 理解这段话的时候不能忘记了要两个指数相互确认的原则，倘若只是一个指数如此，另外一个指数仍旧在新高状态，那么就要进一步分析了。

许多研习者想要在小幅波动走势上使用上面的规则，但是却忽略了正常的次级折返会持续3~12周，回调的幅度为前一波主要运动幅度的1/3~2/3。那些想要掌握小幅波动规律的研习者最好仔细研究全部指数的**日内历史走势图**。

> 此处，雷亚对于这些规则的日内实用性保持开放的态度，既不肯定，也不否定。

汉米尔顿指出："道氏理论总是忽略单个指数发出的未经另外一个指数确认的信号。从查尔斯·H.道趋势迄今的历史数据表明，基于这一原则去解读股市是合理可靠的。从道氏理论的角度来看，向下的次级折返运动也许会成为熊市的主要运动，但是只有当两个指数都出现了这样的运动时，这样的向下突破才有意义。"（1928年6月25日）

想要简单而清晰地区分各种上涨和下跌波段的意义存在较大的挑战，但是基于指数来预判市场的道氏理论却不得不展开这项工作，因为在这个理论当中恰当区分其当下波段与此前类似波段的差异对于成功实践是非常重要的。为了强调这一点的重要性，我们要不厌其烦地再度引用一次汉米尔顿的相关论述："日内波动当中，当一系列的上涨和下跌运动出现时，铁路和工业两个指数同向而行，上涨的时候突破了前高，下跌的时候却并未跌破前低，这表明日内的走势具有上升的意味，但却并不表明市场**一定处在牛市之中**。"

日线走势上，如果两个指数在一系列的波动当中，突破了前期高点，那么就可以得出牛市还将持续的可靠结论。相反，如果两个指数在一系列的波动当中，跌破了前期低点，那么就可以得出熊市还将持续的可靠结论。但如果只是某个指数的表现，那就未必意味着是熊市了。倘若两个指数处于牛市中，回调之后的上涨并不创出新高反而跌破了此前回调的低点，通常可以假定牛市已经转为熊市了。反过来的情况则通常可以假定为熊市已经转为牛市了。

上面讲的是通常情况和规则，偶尔也会出现例外，否则这套方法就是毫无败绩的金融法术了，世界上没有战胜市场的必胜方法，否则市场**早就消失了**。

> 如果在日内出现类似的N字结构，而且两个指数之间相互确认，从道氏理论的角度看这对趋势的确认毫无意义。

> 金融市场在不断寻找和利用人的观点、思维、情绪、能力、行为等方面的漏洞。你可以将市场当作一个心理矫正师，他可是非常有敬业精神，也毫不留情面。

第十四章

横向整理
Lines

> 汉米尔顿曾经指出，一个横向整理形态的突破至少表明了市场次级折返层次的方向改变，有时还会是主要运动层次方向改变的信号。

一个横向整理形态一般持续 2~3 周，甚至更长时间。横向整理期间，两个指数的波动幅度为 5%。这种形态出现表明市场处于吸筹**或者派发阶段**。倘若两个股票平均价格指数同时向上突破区间上边界，则此前的横向整理就是吸筹阶段，指数会继续走高；反之，当两个指数同时向下跌破区间下边界，则此前的横向整理就是派发阶段，指数会继续走低。倘若只有一个指数突破，而另外一个指数并未确认，那么突破信号引申的结论就是错误的。

道氏理论关于横向整理的论述被市场数据和实践证明为相当可靠，甚至可以用不证自明的公理而非定理来定义它。但是因为横向整理出现的频率不高，因此这种形态并不能完全满足交易者的胃口，以至于将其他类似形态误认为横向整理。更糟糕的是不少交易者固执地认为一个主要指数出现了这种形

雷亚只是简单地从筹码博弈的角度来区分两种类型的横向整理，但实际上横向整理还有一种区分方法。横向整理可以是因为市场分歧很大，但是多空因素交织，所以缺乏主导逻辑，因而区间整理，或者是因为市场缺乏任何重要的信息，甚至处于毫无消息刺激的状态，因此处于区间整理。简而言之，一种情况是多空都有重要消息，但是势均力敌，一种是多空都缺乏重要消息，走势沉闷。

态就算可靠信号了，这种认为不需要另外一个指数确认的观点非常危险。另外一些交易者则更为冒失，他们一看到横向整理形成就迫不及待地猜测指数将要突破的方向，然后匆忙进场，根本不顾及此后的真正突破方向。"实际上，当股市处于横向整理形态时，很难断定到底是在吸筹还是在派发，没有人能够完全准确地预判多空当中哪一方**能够获胜**。"（1922年5月22日）

> 布林带突破交易策略其实也与横向整理区间突破交易法关系密切，现在外汇和期货市场上运用这类策略的人并不罕见，但也并不多见，所以有效性还是很强的。

部分研习者偏激地想要用精确的数字来刻画横向整理的持续时间和波动幅度，这样的做法是不会成功的。横向整理的波动幅度与前期的投机程度以及前期的波动幅度密切相关，从这个角度来讲成功地运用道氏理论既是一门科学，更是一门艺术，两者必须相互结合。任何想要用数字来精确阐释道氏理论的人就好比一位死板的外科手术医生，当他为病人切除阑尾的时候不管对方的年龄、性别、身高和体型都以距离脚背38英寸，深度2英寸来确定阑尾的**具体位置**。

> 水因地制流，兵因敌制胜。要很好地运用道氏理论也需要具体问题具体分析，不能寄希望于一个简单的精确公式。

汉米尔顿曾经指出，一个横向整理形态的突破至少表明了市场次级折返层次的方向改变，有时还会是主要运动层次方向改变的信号。

下面的一些文摘片段比较准确地刻画了横向整理的区间范围，不过我们应该清楚一点，即这些评论是汉米尔顿多年前撰写的，

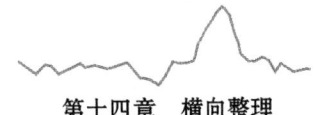

第十四章　横向整理

当时的股票平均价格指数还处于 100 点之下。而在本章后面部分则会引用一些指数略高于早年点位时关于横向整理的评论。

汉米尔顿早年对横向整理的典型评论如下：

"对股票平均价格指数进行审视就会发现在某些时段，比如几周之内，指数在进行窄幅波动，比如，工业股票平均指数在 70~74 点之间波动，铁路股票平均指数在 73~77 点之间波动等。从技术走势上来讲这个时候市场处于横向整理，且经验表明这个时候市场要么在进行吸筹，要么在进行派发。当两个指数都向上突破横向整理区间时，表明强劲的上升走势，也许是某轮熊市中的强劲反弹，而在 1921 年出现的横向整理则表明一轮持续到 1922 年**牛市的开始**。"

"但是，倘若两个指数向下突破了横向整理区间的低点，那么股市就到了类似于气象学家所谓的临界点，随后股市将进入暴跌状态，这可能是牛市中的回调，也可能像 1919 年 10 月的股市，是一轮熊市的**起点**。"
（《股市晴雨表》）

数年前，对横向整理形态的论断如下："通过利用道氏理论对股市波动进行分析，加上多年来浸淫股市的经验，研究者们明白了横向整理形态的运用价值和重大意义。要想从横向整理形态中取得有价值的结论，必

横向整理是一个形态，这个形态可以出现在重要运动中，也可以出现在次级折返当中，这点大家要搞清楚。

横向整理一般位于两个波段之间，可能连接两个同向的主要运动波段，也可能连接一个主要运动波段和一个反向的次级折返波段，还有可能位于一个次级折返波段当中，情况比较多样。

须满足如下严格条件——工业股票指数和铁路股票指数必须相互确认；窄幅横向整理要持续足够长的时间，这样才能结合成交量进行有效的分析；这期间的日内波动幅度非常窄，不能超过4个点。只有满足了上述条件，才能对横向整理做出有价值的判断。"（1922年5月8日）

汉米尔顿紧接着在其经典之作中进一步解释了横向整理的意义："有一类让我们极其满意的形态，即在一段时期指数窄幅交投，我们称之为横向整理。横向整理的交易日越多，持续时间越长，则其意义越大，价值越高，这样运动状态表明市场要么在吸筹要么在派发。随后的价格运动如果向上突破则表明在吸筹，股票是稀缺的；随后的价格运动如果向下突破则表明在派发，抛售股票的力量很强大。"（《股市晴雨表》）

1909年3月17日汉米尔顿说道："从3月3~13日，波动率低于3/800，这样的多空拉锯战非常少见，这是市场即将出现重大趋势性变化的前兆。"此后，两大指数突破了横向整理区间的上边界，指数上涨幅度达到了29%。

有些情况下从走势沉闷的市场也能得到有价值的线索和信号，正如汉米尔顿所说的那样："当股票平均价格指数处于窄幅波动状态时，我们仍旧可以从这种市况得出有价

> 投机者的鳄鱼原则是不是与这样的说法非常一致呢？静静地等待时机，然后给予致命的一击。

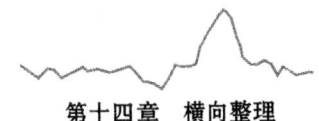

第十四章 横向整理

值的结论,这样的市况为那些在场外密切观察寻找机会的人提供了重大的**利用价值**。"(1910 年 9 月 20 日)

汉米尔顿曾经就横向整理形态突破信号有效性的持续时间表达了自己的观点:"历史经验告诉我们,当位于顶部的一个横向整理形态两个指数向下跌破之后,除非市场再度向上突破横向整理的高点,否则我们不能假定下降走势发生了改变,也就是说,在相反的区间突破发生之前已发生的区间突破信号都**是有效的**。"(1911 年 3 月 6 日)

从 1911 年的 5 月 4 日到 7 月 13 日一个完美的横向整理形态形成了,当这个横向整理的下边界被跌破之后,指数快速下跌,后来的走势表明这是熊市的最后一跌。在这个横向整理形态形成之初,汉米尔顿评论道:"一个持续时间较长的横向整理形态,就像指数在过去数周的表现,加上成交量萎缩,这样的表现有两种可能:第一种是股票在新高位置已经被成功地抛售了,第二种则是已经成功吸筹,而吸筹规模之大足以让上涨的预期成为市场共识。"(1911 年 7 月 14 日)

当一个横向整理形态在 1912 年 1 月 17 日形成之后,伴随而来的是几个月的持续上涨。汉米尔顿对此评论道:"让人吃惊的窄幅波动,20 只活跃铁路股票的平均指数在 115~118 点之间波动,而工业股指数则在

> 达沃斯箱体与道氏理论的横向整理不能混淆,前者更多的是基于波段高低点的水平支撑阻力线来构成箱体,而后者更多的是一种成交密集区。

道氏理论是一门从经验中总结出来的理论，因此与实践关系密切。它如此强调横向整理的意义和价值不外乎是从实践中得出了这样的结论，而非精巧的数学推论所得。

道氏理论我们已经学了过半了，大家觉得道氏理论能够用来指导高杠杆的交易吗？如何将道氏理论运用于保证金交易呢？

79.19~82.48 点之间波动，这是一个横向整理形态。这个形态是在我此前一期市场评论文章刊登之前一周形成的。此种类型的窄幅波动对于指数的资深研习者而言意味着重大运动即将来临。倘若长时间的窄幅波动是由吸筹造成的，那么两个指数向上突破上边界指日可待。请注意，横向整理并非完全没有波动，并非近乎一根直线，而是波动幅度极其狭窄，铁路股票指数小于 3 个点，工业指数则比 3 个点多一些，这就是**窄幅波动的含义**。"

由于横向整理容易与其他形态走势混淆，所以我们有必要引用 1913 年 9 月 8 日汉米尔顿所做的相关论述："两个平均价格指数在将近一个月的波动范围只有 2 点多。工业股票平均价格指数向上突破横向整理区间的上边界，但是铁路股票平均价格指数却并未相应地向上突破以确认前者的信号。铁路股票平均价格指数在 9 月 3 日跌破了横向整理区间的下边界，但是工业股票平均价格指数却并未跟随下跌。就这样的情况而言，交易者应该在市场外保持观望，特别是在两个指数重回横向整理区间时。不管指数从横向整理区间的哪个方向突破，只有两个指数相互确认，比如向下突破确认，那么基于历史经验，这会对未来进一步的市场运动给出**有价值的可靠预示**。"（1913 年 9 月 8 日）

汉米尔顿在 1914 年对横向整理做了大量的论述，尽管他观察到的横向整理形态表明派发筹码占据主导，但是他还是认为牛市会继续下去。几年后，汉米尔顿坚定地认为当时的横向整理形态之所以出现，是因为德国人正在为了世界大战筹集资金而抛售**持有的美国证券**。他在 1914 年 4 月 16 日所撰写的评论是这种观点的代表性表述："4 月 14 日之前的 70 个交易日，20 只工业股票的平均价格指数未能升破 84 点，但是也未跌破 81 点；而在此前 40 个交易日，20 只铁路股票的平均价格指数未能升破 106 点，也没有跌破 103 点。参考《华尔街日报》的相关数据，这两个指数都在 3 个点的范围内波动，并且这两个指数在 4 月 14 日同时突破了横向整理区间的下边界。"

"基于对所有平均指数历史走势的经验和数据的了解，我认为市场现在的熊市氛围表明 1912 年 10 月开始的熊市趋势又卷土重来了。"

汉米尔顿不厌其烦地告诫道氏理论研习者，单一指数出现横向整理区间是没有什么预测价值的，他指出："与指数相关的所有历史经验表明，除非工业和铁路两个指数同时出现横向整理区间，否则会产生极具误导性的信号。"（1916 年 3 月 20 日）

股票平均价格指数在 1916 年处于高价

这个横向整理其实是由于两种力量造成的，一方面欧陆大战，而美国中立，对于美国经济是大利好，所以趋势向上，看到这个趋势的大资金都在积极买入；另一方面因为欧洲开战国的政府和企业，以及居民需要更多的现金流因此会抛售手头持有的部分美国资产。两种力量短期内处于平衡，出现了筹码大量交换的横向整理区间。

位状态的时候，汉米尔顿意识到需要放宽横向整理边界的限定，同时主张道："在这个问题上，应该考虑到股票平均价格指数处于高价位的具体情况，特别是工业股票指数，我们对横向整理边界上的规定应该有更大的缓冲空间。"（1926年10月18日）

从汉米尔顿在1929年7月1日对市场的如下评论可以看出，他将当年春季的市场走势定义为横向整理："未来的情形将会显而易见，现在大幅的剧烈波动，特别是工业股票平均指数的波动，表明市场已经在整体上步入了筹码派发时期，这与股票指数在低位形成横向整理走势的含义完全不同。需要注意的是横向整理有可能是吸筹，也有可能是派发，无论此后的突破走势是向下还是向上，历史表明重大运动都会由**此爆发**。当前股指处于如此的高位，市场的派发处于一个更加宽幅的震荡区域中进行，这种情况是可以被理解的。两个股票似乎上涨到这个区域之上则清晰地表明卖出的筹码被很好地消化掉了，投资者们将股票筹码接过去了。"（1929年7月1日）

对于道氏理论研习者而言，查阅1929年的日内波动走势也是十分有意思的一件工作。当年9月，刚好是牛市后期涨到顶点之后，只有极少数交易者预判到了未来引发全球大恐慌的美国股市崩盘，而那时汉米尔顿

> 所谓的派发和吸筹都是针对那些聪明的大资金，因为所有的交易都是两个对手方构成的，有人派发肯定有人吸筹，有人吸筹肯定有人派发。道氏理论的所谓派发和吸筹讲的是先知先觉的大资金操作。

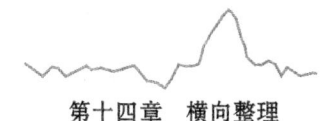

发现了一个横向整理形态，当时铁路股票指数和工业股票指数都在顶部做 10%幅度的波动。汉米尔顿在 1929 年 9 月 23 日的《巴伦周刊》上发表了自己的观点，其中他指出："尽管道氏理论的合理性并未遭受质疑，但是伴随着工业股票平均指数上涨到 300 点以上，我们应该在运用这一理论时具有更大的弹性。在查尔斯·H.道所处的时代，股票平均价格指数形成了一个他定义为横向整理的形态，这一形态的波动幅度在数周内都局限于 3 个点之内。但是，现在处于高位的工业股票平均指数可以预见的横向整理区间会更大，期间的派发和吸筹行为会处于一个更宽**的波动区间。**"

我认为全面仔细地分析和研究横向整理的区间高度与成交量之间的关系就会得到许多有价值和有意义的结论，而利用报价机的数据来展开这一工作则更有帮助。股市的整体成交水平代表了市场的所有参与主体，更加清晰地体现了趋势与修正之间的关系。我们已经发现了横向整理的一个特征，那就是在接近牛市顶部出现的横向整理区间高度会变大，成交量也会变大，而在市场靠近底部的时候，横向整理区间高度会变小，成交量也会缩小，交投清淡，**走势沉闷。**

横向整理应该按照波幅比率来确定，而非根据绝对波幅来确定。当指数绝对值大的时候，其绝对波幅必然大于处于低位的指数，横向整理区间的绝对波幅也是如此。

雷亚开始引入成交量这个变量来考虑趋势。

第十五章

价量关系

The Relation of Volume to Price Movements

> 尽管汉米尔顿从未提到成交量极端值的概念,但是走势图的观察者们应该都会发现次级折返的重要转折点往往伴随着成交量的急剧变化。

倘若股市处于超买状态，那么就会出现滞涨的情况，而下跌反而显得动能强劲；反之，倘若股市处于超卖状态，那么就会出现跌势不济的特征，上涨反而显得势头十足。牛市往往会以较低的成交量开始，而以过度活跃的**交投结束**。

汉米尔顿对于价量关系的论述在许多相关文章当中存在自相矛盾的观点，他反复强调指出，除了指数本身的运动之外，研习者可以忽略其他因素，因为指数运动就贴现了一切影响因素。但是，在实践方面汉米尔顿却一直坚持使用成交量指标，特别是他经常通过比较成交量的变化来得到结论，这样的推导过程往往被证明是审慎且有效的。

虽然有可能会让本书的读者感到困惑，但我还是会先引用汉米尔顿否定成交量作用的论述，然后在引用他频繁利用成交量进行推断的论述和观点，最后得出我们的**客观**

牛市在恐慌中开始，在怀疑中持续，在乐观中消亡。成交量体现了这种情绪的演变轨迹，如果能够结合舆情变化来理解，则效果更好。

汉米尔顿被既有理论观念和实践行动所撕扯，一方面他想要坚持指数贴现一切因素的假设，另一方面在实践当中他又不断尝到利用成交量分析的甜头。而雷亚认识到了实践与理论不一致的地方，因此对理论进行了修改以便适应实践的需要。我们后人在研习道氏理论的时候也应该坚持从实践出发，不断完善既有的理论体系。

结论。

下面首先列出汉米尔顿反对考虑成交量等交投因素的言论：

"我们应该认为股票平均价格指数彻底而全面地贴现和吸收了一切因素。成交活跃与否只是一种市场征兆而已，对于指数都是合理的现象，正如市场交投、意外事件、股息红利分配等因素一样，这些都对市场指数波动有影响。一切都体现在了指数波动之中，这就是为什么在市场研究中不必考虑成交量的原因所在。在道琼斯公司25年的指数运动数据记录中，价量关系并未体现出什么规律性的东西。"（1913年6月4日）

"股票平均价格指数看起来似乎要上涨了，即便有一些研习者会说因为成交量没有放大，因为这种上涨不可持续，没有什么价值。但是，现在的走势明显处于牛市之中，至于成交量本身，在这类研究当中我们还是忽略它更好。因此成交量就像其他非价格因素一样，在任何重大的长期运动当中都可以忽略不计。"（1911年4月5日）

汉米尔顿在1911年1月5日写道："我们在这类市场研究中还是忽略成交量和交投情况为好，因为股票平均价格指数本身已经考虑和贴现了这些因素，诸如系列事件、交易背景、资金情况、参与者情绪、投机特征等因素都贴现到了价格波动之中。"但是汉米尔顿在1910年10月18日却说："本轮上涨的一个显著特点是伴随着每日指数的上涨，成交量不断放大。此种类型的价格运动，最终会以一两个交易日的巨大放量而达到顶部。但是，对于指数运动的分析事实上是对所有这些因素和其他因素的分析。"汉米尔顿这段话的后面半截其实是一种有意思的自相矛盾之论。尽管他主张平均指数贴现了一切影响因素，但是显然他还是不能摆脱成交量在**其分析过程中的影响**。

我想对此矛盾的行为做出一些合理的推断，那就是汉米尔顿之所以会出现这样的自相矛盾之举，其中一个重要的原因是因为他当时缺乏相关的数据来研究价量之间的准确关系。我所做的这个推论可以从他本人于1910年所撰写的文章看出来——"众所周知有许多理由支持同时考虑

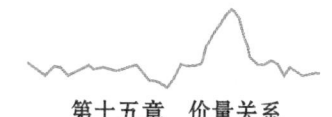

价量关系，但是这种方法存在某种固有的缺陷之处，因为要进行这类考虑就必须拥有25年的日成交量数据。同时，或许我们会发现指数走势本身就已经体现了成交量的影响，这就好比指数走势对其他所有因素的贴现一样。"就汉米尔顿的这一论调，在他的经典之作《股市晴雨表》一书当中，你会发现一张有意思的走势图，其中包含了指数的月度变化范围和每月的日平均成交量。倘若他真的认为成交量不值一提，那为什么还在图中专门列出**成交量呢**？

当我计划撰写本书的时候，我恪守汉米尔顿对道氏理论的阐释，但是，在准确预判市场趋势的所有技巧中，成交量分析策略被证明占有一席之地，因此需要提醒所有道氏理论研习者，应该投入精力去研究价量之间的关系。我之所以提出这样的建议是因为汉米尔顿在不定期地形成准确的市场观点过程中成功利用了对价量关系的研究。

在某一轮牛市接近尾声的时候，汉米尔顿觉察到成交量显著放大，但是这些指数却并未一同上涨，他对此发表了个人的观点。他对这种量增价滞的现象使用了比喻来说明其内在的机理："经济发展这艘巨轮也有最大的行驶速度，这就好比一个2000吨的蒸汽动力船，后者以12节速度航行时一天耗煤量100吨，以13节速度航行时一天耗煤

与其说价格贴现了一切，不如说价量最终会贴现一切。

雷亚从自己获取日成交量数据的经历当中得到了部分启发，他的亲身经历或许能够部分说明为什么汉米尔顿没有在日常市场评论中利用成交量这一指标。雷亚为了自己的研究和出版需要而寻找35年完整的日成交量数据，他努力地从权威统计机构，各类财经报纸，甚至纽交所获取成交量数据，但是这些机构都没有日成交量数据，最终只能从《华尔街日报》上的每日档案材料中获取这样的数据。日均成交量和月度成交总量等数据都可以获得，但是唯独日成交量却难以获得。与此同时，其他一些华尔街机构或者统计学家也会每周向雷亚本人请求获得日成交量数据。由此看来，日成交量数据的缺失是汉米尔顿忽视成交量的重要原因。

量130吨，以15节速度航行时一天耗煤量200吨……经济发展这艘巨轮也同样遵循类似的规律，当最大速度已经接近时，边际速度增加一点需要船上机械师耗费掉更大量的燃料。"（1909年1月21日）

对多年以来股票平均价格指数的分析表明在牛市或者熊市中，当指数创出新高点或者新低点时，都有放量的特征。并且成交量放大会频繁持续地进行，直到阶段性高低点出现为止。汉米尔顿辨识出了这种现象，并且在1908年7月21日的文章中指出了这一点："这次上涨突破了前期高点，这往往意味着牛市的波段性上涨。还可以将现在的点位与5月18日的点位进行对比分析，可以发现现在的成交量更为活跃，这表明市场的参与度提高了。"

有一点无须置疑，那就是在对股票平均价格指数的阐释过程中，汉米尔顿意识到了成交量是一个非常有用的分析工具，下面从他评论文章摘选的片段就证明了这点：

"股市的研习者从这些数据当中可以看到另外一个向好的特征，那就是价涨量增，除此之外对于其他外界因素可以忽略不计，比如关税修改和工业增加值等。价涨量增是一个向好特征，因为这通常表明惜售情绪严重。相反，处于超买状态的市场会明显地表现出相反的特征，上涨时缩量，下跌时放量。"（1909年3月30日）这段文字是汉米尔顿准确预判一轮牛市的文章的片段。

1909年春天，股市持续了3个月的上涨，这个时候次级折返不可避免，汉米尔顿在5月21日的市场评论文章中写道："在回调发生时，市场走势沉闷，波动幅度缩小。"他认为回调的总幅度小于2%，同时成交量特征表明上涨走势还会重启，后来走势果然如同所料。

在持续时间较长牛市的最后阶段，每当有小规模的回调出现时都会被市场认为是熊市的开始。这个时候，一个显著的下跌发生了，相应的成交量下降了一半。汉米尔顿告诫粉丝们不要此时做空，因为成交量伴随着下跌在缩小。他指出："缩量具有各种意义，华尔街有一个老生常谈的话题，即不要在缩量的市场中做空。这个观点正确的时候比错误的时候更多，但是在长期熊市中，这样的观点是错误的，因为下跌趋势中市场在反弹时缩量，在下跌时**反而放量**。"（1909年5月21日）

某轮牛市创出新高的时候，汉米尔顿认为这次突破有坚实的基础，原因是"市场在星期一和星期二创出纪录新高，伴随的巨大成交量让这次突破的价值重大。"（1909年5月21日）

1910年9月的熊市进程中，大众认为牛市已经发轫，而汉米尔顿却认为股市到了熊市反弹的末端。尽管在当时股票平均价格指数并未表现出弱势，但是缩量仍旧让汉米尔顿认为这仅仅是一次反弹而已，他写道："在现在的牛市进程中，股票平均价格指数迅速反弹到8月17日的点位水平，但是这次反弹或者上涨的力度在下降，而成交量也在萎缩，因此我认为市场仍旧处于看不到希望的萧条时期。"（1910年9月20日）

在一篇评论当中，汉米尔顿专业人士对待熊市中突然放量造成的反弹的怀疑态度："就专业人士而言，如果熊市在反弹之前持续很长一段时间位于低位，交投沉闷，缺乏活跃度，那么后续的反弹意义反而更大一些。"（1910年7月29日）

汉米尔顿在下面的论断中给读者以良好

雷亚指出：汉米尔顿研究了30年的指数历史数据，显而易见他是股市交易者们的真正指路人，他愿意并且也有能力给出正确有用的市场观点，但是他不会屈尊去成为市场观点的贩卖者，更不愿意与当时那些依靠传递内幕消息牟利的小报竞争。

价涨量增，价跌量缩，低点越来越高，高点越来越高，典型的上涨趋势特征。

而中肯的建议："在上涨过程中，大量筹码被派发，不过技术走势表明这些筹码都被很好地吸纳了。因为股市回调的时候走势沉闷，成交量萎缩，而在重新上涨的时候，交投活跃。任何专业人士都明白这是多头力量强生的**良好特征**。"（1911年2月6日）

汉米尔顿强调场内交易者也非常重视成交量，他指出："几个交易日以来，那些积极观察和追踪市场的交易员发现价格下跌的时候，成交量放大，价格上涨的时候，成交量下跌，因此这些交易员选择站在空头一边。"（1911年5月4日）

在1911年的一篇评论中汉米尔顿明显地表达了成交量对价格运动的重要意义："研究市场价格运动的过程中，市场交投的沉闷与活跃具有同等重要的价值，而且常常是预判市场未来重要变化的**重要指标**。"（1911年7月14日）

交投沉闷的极端表现有两个：第一个是地量，第二个小实体K线；交投活跃的极端表现也有两个：第一个是天量，第二个是大实体K线，以及涨跌停。

在一次暴跌发生之前两天，汉米尔顿在一篇评论文章中做出了如下论断："市场回升的交投清淡，而下跌时交投却变得活跃。站在专业人士的角度来看，熊市持续的意味**相当浓烈**。"（1911年9月9日）

其实，当你观察指数或者个股的一分钟价量变化时，这种规律也很明显。

1921年熊市有两个低点，分别是在6月和8月构筑的，汉米尔顿当时指出趋势转折点与真正的市场底部相差不到4个点。此后在11月30日，汉米尔顿发现股市下跌乏

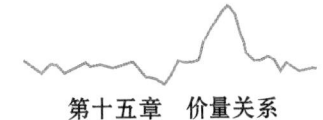

第十五章 价量关系

力，交投沉闷，于是他对进一步做空市场的行为提出了警告："华尔街有一句箴言——不要在沉闷的走势中做空。熊市中的反弹是迅速发生的，资深交易者会等到反弹后出现乏力缩量的时候再进场做空。反过来讲，牛市中的情况也一样，交易者会在市场交投沉闷地**买入股票**。"

对股票平均价格指数的历史数据进行全面研究就会发现，整体而言牛市中的成交量还要大于熊市中的成交量。另外，牛市中发生次级折返的时候，价格下跌时成交量会缩小，此时我们往往有把握可以预测市场处于暂时的超卖之中，最可能的结果是新一波的上涨即将展开。熊市中发生次级折返的时候，价格上涨时成交量会萎缩，这个死活市场处于暂时的超买之中，最可能的结果是进一步下跌的趋势运动即将来临。

尽管汉米尔顿从未提到成交量极端值的概念，但是走势图的观察者们应该都会发现**次级折返的重要转折点往往伴随着成交量的急剧变化。**

成交量非常重要，但需要表达的一个观点是成交量与两个指数的运动具有同等的重要意义。严格来讲，工业股票指数和铁路股票指数永远都是道氏理论当中最为重要的研究对象，相形之下，成交量的重要程度要次一级。但是，在研究指数运动的时候绝不要忽略掉成交量。

> 价值投资者也会择时，一个比较好的时机就是大众对股市彻底绝望，失去兴趣的时候，这个时候交投就非常清淡，而且持续一段较长时间。

> 转折点要么是成交量的阶段性高点，要么是阶段性低点，在《高抛低吸》当中有全面的总结。另外可以结合震荡指标，斐波那契点位，K线形态来确认潜在的波段转折点。

第十六章

双顶和双底

Double Tops and Double Bottoms

> 股票平均价格指数走势中有许多这样的情况，但是如果研习者想要全面而深入地对此进行分析，那么就会确定无疑地得出结论——基于双顶和双底得出的市场结论毫无助益，交易者往往反受其害。

在预测价格运动的过程中,"双顶"和"双底"的真实价值并不大,市场实际走势表明两者给出的假信号远比正确的信号多。

汉米尔顿多次强调"双顶"和"双底"得出的市场推论并没有太大的重要性。有意思的是不知道是谁让大众误以为这两个形态是道氏理论的组成部分。

每当市场接近一个前期高点或者低点的时候,倘若一个双顶或者双底构筑完成,那么市场上一定出现大量关于它们却对投机毫无帮助的评论。这类市场评论常常以诸如此类的句子开头——"按照道氏理论的观点,如果工业平均指数形成了双顶。"道氏理论的研习者们都清楚一点,即单一指数并不能形成可靠的结论。因此,两个指数同时形成双顶或者双底**的概率极低**。另外,即便两个指数同时出现了这类形态,往往也不过是一

在横向整理的初期阶段,市场很容易形成类似双顶或者双底的形态,但是最终成了某种整理形态而非反转形态。N字底或者N字顶比双底或者双顶更常出现在市场转折点处。

个巧合而已。倘若将35年来所有重要运动全面梳理一遍就会发现，只有极少数的情况下趋势是以双顶或者双底形态终结的。

当股票平均价格指数接近前期高点或者低点时，道氏理论研习者不应该将寻找潜在的双顶或者双底作为趋势转折的苗头，而应该采取更加恰当的判断方法，比如铭记倘若两个指数都未能向上突破前期高点则意味着股市会走低；或者是倘若两个指数都未能向下跌破前期低点则意味着股市会走高；更为重要的是倘若其中一个指数突破前高或者跌破前低，但是并未得到另外一个指数的确认，那么从突破信号中得出的结论可能就是错误的。查看市场年历统计公司提供的走势图可以发现，其中一本市场年历中的一个指数偶尔出现双顶或者双底形态，但是另外一个指数却并未出现这类形态。另外一点需要被提及，那就是汉米尔顿在1926年利用了双顶形态做出牛市结束的预测，但事实表明这样的判断是错误的。这是由于汉米尔顿主观上想要为自己的结论找依据，以至于违背原则而采纳了单一指数的双顶形态作为**理由**。

另外还有一点需要注意的是，尽管有几次熊市结束的时候出现了所谓的双底，但是汉米尔顿显然并未将这样的形态当作是趋势转折的重要特征。

> 交易是自然而然思考的副产品，绝不能为了交易而思考，这方面个人的教训也是蛮多的。日内波段为什么不好做？因为日内波段交易很容易让人陷入为交易而找理由的境地。

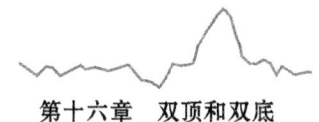

第十六章 双顶和双底

查看一下本书第 8 章的相关图表，其中有道琼斯指数 9 轮熊市结束的走势形态。从中可以发现：有 3 轮熊市结束时可以说只有一个指数形成了双底，还有 3 轮熊市结束时两个指数都形成了双底，而剩下的 3 轮熊市则没有一个指数形成双底。

1899 年和 1909 年，可以认为两个指数都分别在这两轮牛市的顶部形成了双顶，但是在其他 7 轮牛市结束的时候并未出现双顶。但是，实际上许多重要的次级折返却是以双顶或者双底结束的。比如，1898 年秋季牛市出现了一个显著的回调，两个指数最终都以双底结束了这次回调，然后强劲回升。另外，在 1899 年春季和夏季，近乎完美的双顶出现，却被此后的走势证明为欺骗性的假信号，因为股市很快突破了这些高点继续大幅上涨，对于那些笃信双顶而做空的投机者而言简直是大难临头。1900 年初的熊市中，工业股票指数出现了双顶形态，但是铁路股票指数并未对此加以确认，后来的走势证实这其实是一个重要反弹的结束信号。在 1902 年的熊市中，两个指数都出现了双底，让那些迷信双底形态的人认为牛市即将来临，但是这些"底部"很快就被无情地跌破了，从未见过的暴跌出现了。

铁路股票指数在 1906 年的市场高点附近构筑了一个完美的双顶，此后指数急剧下

双顶和双底在艾略特波浪理论当中具有不同的性质和含义，因为处于不同阶段和位置的双顶和双底其实是性质完全不同的波浪结构的一部分。如果要想从纯技术的角度搞清楚双顶和双底这类形态的市场意义必须结合艾略特波浪理论。

跌。1907年的春季到夏季，一波次级折返运动中双顶和双底都出现了，顶部没有被突破，没过几周底部却被跌破了，此轮下跌中工业股票指数跌幅超过了30%。1911年的春季到夏季，两个指数都出现了双顶形态，工业股票指数此后大跌，而铁路股票指数却轻微下跌。在世界大战之前，两个指数在离市场底部12%的范围内形成了双顶，倘若就此做空，那么亏损是必然的。而那些谨慎的做空者则会等到下跌几个点之后才确认双顶的看空信号，进而进场做空。

股票平均价格指数走势中有许多这样的情况，但是如果研习者想要全面而深入地对此进行分析，那么就会确定无疑地得出结论——基于双顶和双底得出的市场结论毫无助益，交易者往往反受其害。

1930年7~8月，大熊市中两个指数都形成了完美的双底，这个看似终结下跌趋势的支撑形态让许多财经作者变得极度乐观，他们认为熊市结束了。但是，过了几周下跌趋势恢复，工业股票指数在三个月内跌了60%。再举一个最近的实例，1931年冬季到1932年两个指数都出现了三重底，但市场并未就此反转，反而以无可辩驳的方式继续下跌。

总而言之，我们可以认为10个所谓的双底或者双顶当中有9个都是靠不住的，它们并不像投机者们期待的那样有效。

第十七章

个　股
Individual Stocks

> 以价值作为研究对象的投资者们也许能够很好地洞察某些上市公司的内在价值和盈利能力,但是如果他对市场趋势毫不了解的话,那么他将不会成为一个成功的交易者。

公开发行上市的美国大公司股票交易活跃，往往与股票平均价格指数同涨同跌。但是，其他类型个股的走势可能会与多只成份股构成的指数有些差别。

以价值作为研究对象的投资者们也许能够很好地洞察某些上市公司的内在价值和盈利能力，但是如果他对市场趋势毫不了解的话，那么他将不会成为一个成功**的交易者**。我这样说的原因在于，一只处于正常情况的股票，无论其内在价值几何，无论其上市公司盈利能力如何，在牛市中往往倾向于上涨，而在熊市中则往往倾向于下跌。个股与指数具有正相关性，虽然公司经营状况的差异会导致个股与指数波动程度并非完全一致。

股票经纪人都见过这样的事例，那就是在熊市中许多客户会基于自己对股票红利，市盈率和现金流充裕程度等因素的判断而买入一些估值便宜的股票。在买入这些股票之

价值投资者有两个重要的任务，第一是通过对商业模式和行业前景的了解洞悉公司未来的现金流情况，进而确定价值；第二是通过市场先生的情绪波动获得恰当的买入时机。道氏理论不能帮助投资者确认公司的内在价值，但是可以在某种程度上确定恰当的买入时机。日本有一位常年跟踪巴菲特的研究者发现股神的买入点往往也是股价显著下跌后微微拐头向上的时候，其中有什么东西值得我们去挖掘吗？

国内做价值投资的基金经理，其中有好几位就是在主流价值投资理论的基础上糅入了趋势理论。不过，理论上做起来容易，但实际操作起来还是以价值投资理论为核心，资金量大了之后也不可能纯粹依据技术点位来出场。因此，在入场时机的把握上趋势理论的作用要更大一些，出场时机上超大资金还是要看基本面的。

这里有个锚定效应，别人的买点成了一个参考点，成为一个假设前提，进而限制和误导投机客的理性思维。

个股与指数的相对强弱是投机客需要分析的一个重点内容，异常之下必有重大真相。

后，由于市场继续抛售，导致股价不断下跌，以至于股票的持有者难以承受，于是割肉卖出。其实这个时候他们已经完全将当初**买入这只股票的理由抛之于脑后了**，转而让熊市当了替罪羊。客观来讲，这可不是熊市的责任，责任在于投资者本身。因为他当初买入这只股票的理由是因为内在价值，把买入股票当作一项投资，而**股价的变化并没有改变他拥有的股份比例**。由此看来，一位投资者如果要想更有效率地利用资本的话，就必须同时掌握公司的财务报表和**市场趋势**。

接下来我们再举一例比较典型的市场参与者类型，就是一个不成功的投机客，他什么都不懂，对财务报表一窍不通，对于市场趋势也毫不知晓，无知懒惰而且不好学。他买入股票的依据就是他猛然发现股价比此前朋友提供的**买点低了不少**。这类投机客操作一段时间之后，亏损是必然的。

现在回到正题上，某只个股在道琼斯指数下跌的时候上涨，这是少见的情况，而在另外一些情况下指数上涨，而个股却下跌，这也是少见**的情况**。股票投机的新手只要把指数的日内波动与任意挑选的10只股票的日内波动进行比较就会发现上述情况是真正存在的。

第十八章

投　机
Speculation

> 如果我们在交易中没有理性思维，率性而为，必然会亏钱，这是众所周知的事实，而那些善于思考的理性投机者即便没有成功也能够将亏损控制在一个能够承担的范围之内。

对男人而言，结婚是投机，从军参战也是投机，花钱送孩子去上大学也是投机。父亲认为自己的孩子具备值得开发的潜能和专注的能力，于是花钱送他读大学。这与商人通过对天气和潜在顾客购买力的推测决定为了秋天的销售买进一批大衣一样。我们要抨击和批判这类投机活动吗？当然不是，因为**面对不确定性时，理性的投机是合理的**。坚实卓越的理性投机者绝不能和交易场内那些恶意操纵走势的坏人相提并论。后者只不过是不干正事，在市场中恶意作梗的一群玩世不恭者而已。如果我们在交易中没有理性思维，率性而为，必然会亏钱，这是众所周知的事实，**而那些善于思考的理性投机者即便没有成功也能够将亏损控制在一个能够承担的范围之内。**

《巴伦周刊》曾经引用过 J. L. 的名言——"任何市场波动都有合理性，除非一个人能

> 投机往往针对题材，投资往往针对价值。

J. L. 的最伟大之处在于指出"捕捉重大趋势并且顺势加仓"这一投机最根本原则。投机的王道是什么？道氏理论讲了前面一半。

新兴产业的投资泡沫其实是必然的，也是有正面意义的，可以大规模降低这个行业的基础设施成本，快速大范围试错以便找出高效的经营模式。

够预判未来，找到这种合理性，否则他很难达到投机成功的高度。投机是一项商业活动，它不可能依赖单纯的赌徒思维，也不能依赖一厢情愿的胡思乱想，它要求艰苦而勤奋的工作，要做大量的准备工作才行。"

投机既有艺术的成分也有科学的成分，虽然经常面临道德层面的指责，但是对于任何高度发展的经济体而言投机都是必不可少的成分。没有投机，我们怎么能够建成横贯北美大陆的铁路线，也无法拥有电力设施、电话、收音机和飞机。绝大多数当时购买了上述产业股票的人都有不堪回首的亏损经历，而购买了那些最终消失公司的投资者其实是间接支持了这些新兴**产业的发展**。

投机，即便是毫无理性可言的投机也有其积极的意义，因为股票价格快速飙升的时候，新兴产业的相关企业就更容易筹集到资金。与传统商业相关的公司也可以因为股价上涨变得更加容易融资。我国西部地区各州的大开发在很大程度上就是这种投机活动资助完成的。甚至汉米尔顿本人也坦承投机和景气的经济形势是相辅相成的，他在一篇评论中指出："股票投机本身就能为经济发展带来信心，这种信心能够刺激商业的繁荣和扩张。从另外一个角度来讲，**股票市场就是经济发展的晴雨表，它并非是根据现在的消息波动，而是根据经济和金融领域的共识预**

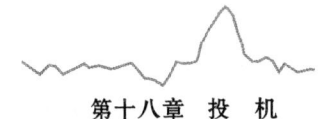

第十八章 投　机

期而波动。对于交易者而言，近期良好的经济前瞻有利于市场的正向波动。"（1922年5月22日）

我们难以对投机和赌博进行明确的界定，因为投机也跟赌博一样需要承受不确定性带来的风险，赌博和投机有着类似的成分。《韦氏词典》将投机定义为出于盈利的目的，从价格涨跌中买卖获利，或者是为了获得超额利润而从事有高风险的商业活动。上述定义完全符合股票市场的保证金交易。《韦氏词典》对赌博的定义是为了获得金钱等赌注而进行的游戏，或者是对某一结果孤注一掷的行动。按照上述定义，假设一个投机客买入100股钢铁股票，接着在成交点位之上2个点设置一个止盈单，而在成交点位之下2个点设定一个止损单，这种行为也可以视作赌博。股票市场的经纪人是这样区分投机和赌博的——当某人在赛马场中下注某匹马获胜时，他的赌注并不影响赛马的表现，但如果这个人在纽交所买入或者卖出100股钢铁股票时，无论他是否认为自己是在赌博，他的100股买卖肯定会对股价产生一些**影响**。一次深思熟虑的钢铁股价操作行为，或许会使钢铁股票受到人为打压，但这样的行动算得上是一次成功的投机，而非赌博。我国的法律总体来讲是允许投机的，但是却对赌博抱着负面的态度。

历史已经体现在股价的走势中了，只有未来能够决定当下股价的走势。

交易是博弈，也就是你的成败取决于相互的行为，而非自己单方面的行为。

> 方法的作用是启发，而不是代替你思考。

> 成功的那个人也未必有好的下场，这就是投机的本质，即便一段时期从市场中获利，或许一不留神又功亏一篑，又或是市场背景发生了重大变化导致以前那一套完全失效了。

不存在保证股票投资成功的数学公式，也没有任何机械死板的交易规则可以让学习者一劳永逸地从股票交易中赚钱。但是，从另外一个角度来讲，规则和理论对于股票投机者而言是极为有用的，而道氏理论则可能是**最好的选择**。倘若本书没有概括和归纳出一套基于道氏理论预判市场趋势的方法，那么我就未能达到自己的本来目的。但是，本书的读者们需要搞清楚一点，那就是运用道氏理论需要从具体的情形和个人特点出发，因地制宜和因人而异，根据不同时期和个人特点去运用道氏理论才是有效的。除非研习者能够耐心地去坚持实践，否则道氏理论再好也不能保证他不亏钱。任何一个交易者在使用道氏理论的时候必须坚持独立思考，从自己的研究结论出发采取行动。要防止你的一厢情愿影响了客观判断。即便根据自己的结论去交易亏了钱，那也比胡猜乱蒙一气好得多，因为前者可以促进他从错误中学习，快速进步。坚定地依靠自己的能力和努力，这是成功投机的必要条件。你要知道，在投机中 20 个人只有 1 个人**能够获得成功**。

几乎所有讲解投机的书籍都会强调一些至关重要的原则，这些原则都是经过市场长期锤炼得出的。尽管如此，只有那些出类拔萃的人才能从这些原则和他人的忠告中获益。因此，试图向所有人解释金字塔顺势加

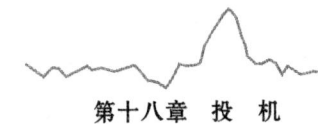

第十八章 投 机

仓法的危险性往往是徒劳的，因为暴利的诱惑使得交易者们对这种操作趋之若鹜，只有市场的痛苦教训才能够让交易者体悟到这种操作法的**真正风险**。

汉米尔顿则认为买进股票之后随着股价上涨而不断加仓的操作要比随着股价下跌不断加仓的操作更好。这是一个值得我们牢牢记住的建议。除非交易者认为某只股票将要上涨，否则他绝不应该买入。当然，另外一些人则会选择在下跌市场中购买股票，作为永久性的投资，不再时刻查看，这样的股市操作也**是可行的**。

一个交易者应该首先明白的是倘若遭受损失，那么应该**将亏损限制在能够承受的范围之内**。以前有一个年轻投机客告诉老前辈自己的投机头寸让自己夜不能寐，老前辈的忠告是："降低你的仓位直到你能够安然入眠为止。"

汉米尔顿经常强调在华尔街**大多数人赞同的意见往往是错误的**。如果他所言正确，那么当一个道氏理论的研习者发现市场给出了做空信号，而此时华尔街牛市极度乐观情绪蔓延，则坚决做空是正确合理之举。许多时候，当华尔街牛市乐观情绪蔓延时，汉米尔顿会评论说太多人看多了，而许多时候当华尔街熊市悲观情绪蔓延时，汉米尔顿会评论说太多人看空了，但这个时候道琼斯指数

J. L. 的巨大成功在于顺势加仓，但是显然雷亚却认为顺势加仓是危险的，你认为他们各自的理由是什么呢？

其实，汉米尔顿和雷亚不仅对股票投机有独特而精辟的见解，对于股票投机也时不时有精彩之笔。

道氏理论：顶级交易员深入解读

汉米尔顿除了利用价量工具之外，还经常观察市场的情绪。

却正在发出**超卖的信号**。他就像一个称职的医生一样，在检查了患者的体温、脉搏等身体状况之后就能预判康复过程，他能够利用道氏理论来预判市场的后续走势。

但是即便是最杰出的投机客偶尔也会遭遇一些意外冲击，以至于打乱了整个交易计划。比如，没有什么交易系统和理论能够预判到旧金山的大地震，也没有什么交易系统和理论能够预测到**芝加哥大火**。

J. L.在这些灾难发生时都正处于金融市场之中，所以他也是亲历者，可以对照他的描述和操作来理解这些历史事件。

数学统计肯定是有价值的，但是它们必须遵循一个前提那就是市场走势依靠平均指数来反映。毕竟那些纯粹依靠统计技巧来预测市场的人，从来都没有被实践证明为正确有效。马克·吐温好像曾经这样说过："所谓的谎言有三种类型：谎言，可恶的谎言和统计。"

任何想要一直待在市场中的人必然遭受亏损，因为很多时候就算资深交易者也会对市场感到困惑，有一条很好的市场箴言，那就是——"心存疑惑时，什么也别干！"此外，倘若交易者在趋势判断上犯了大错，导致巨大的亏损，那么他应该迅速离场，待在市场外面，等待心智重新平衡。

道氏理论认为日内波动无法把握，这一说法是有前提的，这个前提是什么呢？

只有那些场内交易者能够成功参与任何市场中的**微小波动**。在次级折返波动上，场内交易者比场外交易者具有彻底的优势，利用这些波段转折点获利是他们所擅长的交

170

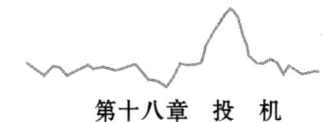

第十八章 投 机

易。场内交易者能够在大众觉察到波动之前就能占得先机,对市场的微小波动也能做到先人一步。汉米尔顿经常说:"长期来看,投机正如其他事业一样,专业人士的成功次数要远胜于业余人士。"

无论投机者身处何处,在繁华的纽约还是在偏僻的西部,他们在解读盘口时或许能觉察到场内交易者们对市场情绪的试盘操作。这种情况下,会发现一些龙头股在被拉升,而过了一段时间又会发现它们遭受打压,这种情况时常发生。普通交易者很难理解此类操作的意图,但是对于进行这类操作的场内交易者而言,试盘的结果常常会显示大众会不会在拉升的时候跟风买进,或者是下跌的时候杀跌卖出。通过诸如此类的试盘操作,专业人士可以评估当前潜在的上涨空间或下跌**空间**。

佣金、印花税、买卖价差以及不足100股的罚金,所有这些交易成本加起来使得高频短线交易者很难盈利。不过,凡事都有例外,少数投机客有足够的资金,胆识过人,对于市场趋势,上市公司财务有穷根究底的研究,他们因此有了第一线的数据和消息,以至于也能够克服上述诸多困难。但是又有几个投机客愿意花费无穷无尽的精力和时间去评估获取超额利润所需要的各种可能性和微小细节呢?**想要真正克服上述困难,唯一**

试盘是游资和场内交易者投石问路的一招,这也表明不是所有结论都能靠纯粹的分析推理,很多时候需要通过试盘来取得。

汉米尔顿与 J. L. 应该算是英雄所见略同，不过一个偏重投机理论，一个偏重投机实践。

的解决之道便是掌握市场趋势和股票的内在价值，并且恪守汉米尔顿的告诫——投机者应该截短亏损，让利润奔腾！他认为盲目自信和冥顽不化比起其他因素更容易造成亏损。

我们回顾汉米尔顿在 1901 年撰写的一篇有关投机的文章，其中他写道："对于那些想要致力于股票投机的人而言，无论资本多寡，长期来讲 12% 年收益率的想法比 50% 周收益率的想法更为有利。人人都知道这样的想法更加切合实际，这是符合私人企业经营实际的想法，但是一个精明谨慎对待商业、工厂或农场经营的商人却似乎认为应该在股票市场上采取不同的观点和态度，这真是根本性的错误相反。"

很难有人能够令人满意地解释为什么许多成功的商人和企业家，或者是酒店所有人会将多年辛苦挣得的财富投入到股票交易这项他们根本不懂的生意上呢？这些人总是想当然地认为股票交易不需要什么专门的学习和研究。尽管他们在拓展自己的商业时必然会先进行仔细而全面的分析，设想各种情况和结果，然后才会进行大规模投资。但是在股票交易上他们却反其道而行之，即便购买了专业的咨询服务，他们仍旧听信场内毫无根据的小道消息，盲目操作。但是，这些专业咨询机构的服务水平也不见得有多好，如果这些商人真的按照这些机构的建议操作的话，那也是难得一见的情形。毕竟，这些咨询机构的用户对获得的服务颇有不满，只要仔细调查一下这些咨询机构的历史准确率和绩效就知道他们的意见有多么不准确。显而易见，倘若这些咨询机构提供的买卖建议有很高的成功率，为什么它们自己不把手头的大笔资金直接**投入市场呢**？

那些爆仓的投机者往往都是因为没能像对待实业经营一样对待自己的投机操作，没有花费足够的时间和精力来学习投机之道。他们很少承认亏损来自于自己的无知，他们更倾向于将失败归结于华尔街和熊市，他们认为自己因为阴谋和欺骗而亏损。他们丝毫没有意识到想要成功地投机就要比其他任何工作更加努力和勤奋，更具耐心和纪律意识。

业余投机客如果能够看清楚专业投机者能够获得的收益水平，则会调整好自己的心态和目标，这样或许会少亏些钱。一个合理的收益水平是某个场内交易者以100美元作为起始资金，每年获得20%的收益率，而且能够持续若干年。有多少人能够达到这个操作水平，这很难说。不过，那些本金是2500美元的投机客肯定是不会满意20%的收益率的，他们鲁莽地进入一个毫不了解的博弈，却满怀信心地认为自己的收益水平将远远胜过20%。我认识的几个华尔街资深人士，他们都在华尔街积累起了巨额的财富，

不过，雷亚这样说的时候恐怕也让道琼斯公司和《华尔街日报》"中枪"了。中肯来讲，好的研究报告和好的分析师价值也是非常大的，是无可替代的。交易与分析研究不能等同，但是绝不意味着可以贬低分析和研究的重要性，很多顶尖交易员都是研究员出生。而国内很多A股投机高手都是记者出身，从中你获得了什么启发了吗？

他们认为以数年时间为长度来衡量，比较合理的年均资本增长率为 12%。不要小看这个数字，当资金以 12%的复利增长时，6 年就可以翻一番。但是对于那些浮于表面的鲁莽投机客而言，长期操作下来不可能达到这样的水平。

第十九章

股市的哲学

Stock Market Philosophy

> 大量的智慧箴言和当代的时机案例表明，投资者们很难在市场底部买入，也很难在市场顶部卖出。被低估的廉价股票对于大众而言从来都是没有吸引力的，这不是什么荒谬之论，而是基于市场历史和事实的结论，倘若廉价筹码真的能吸引大众买入，那么今天的市场应该表现活跃才对，大众应该为这样的机会感到兴奋才对，但是现实却是根本没有什么人愿意买入，缺乏足够的参与者。

汉米尔顿擅长根据多年来对华尔街风气和习惯的观察，用简洁的评论和睿智诙谐的文笔给技术分析增加了不少有趣之处。汉米尔顿这类风格与道氏理论本身并无关联，但是回顾他的这些评论，不能不折服于他对市场的深刻洞察力。或许，他是在一针见血地反复强调一些认为有益于读者的要点。有些时候，他会对某些记者和编辑撰写的金融文章含蓄地表达否定之意。还有些时候，他会用众所周知的比喻来回复某些读者的愚蠢来信。不管其中的毁誉，我挑选了一些他此类文章的精彩片段放在下面，这些语句十分值得玩味。

　　在某轮熊市中，一些编辑将一个典型的次级折返当作是牛市的第一阶段，汉米尔顿当然不同意这种观点，于是他写道："**一燕不成夏**，一次反弹也不能造就牛市。"（1908年7月8日）

One swallow does not make a summer。这个短语常用于表达警示——不要对某事过于乐观；不要因为出现一些良好的现象就十分兴奋，要保持谨慎；也不要因为开始时现象好，就以为一定会有一个成功的结局。

在另外一个例子当中，一些提供包括内部消息在内的咨询机构在牛市的尾声阶段仍旧声称还有更大的上涨行情，而汉米尔顿则在《华尔街日报》上警告道："不要认为树会长到太空上去。"（1908年12月23日）

"听闻某家著名的商业机构成了融券做空交易的券源提供主力时，我感到这非常有意思，从另外一面来讲也能够给我们某种信号，这或许意味着大众做空的**兴趣太浓**了。不过这却并不意味着那些融券做空的人想要回补空头交付股票的时候无法完成。不过，一旦他们竭力做空某只股票的时候，就会导致空头后继乏力的情形。而华尔街资深的交易者就会对这样的下跌迹象持怀疑态度。"（1921年8月25日）一些财经记者根据一则广为人知的融券广告做出股市将继续下跌的结论，而汉米尔顿则认为与大众观点恰恰相反，大众一致看空的时候，市场反而可能上涨，这段论述当中包含了极强的市场逻辑推理过程。

共识预期高度一致时意味着反向机会。

当股市距离1921年的最低点不到3个点的时候，汉米尔顿指出："大量的智慧箴言和当代的时机案例表明，**投资者们很难在市场底部买入，也很难在市场顶部卖出**。被低估的廉价股票对于大众而言从来都是没有吸引力的，这不是什么荒谬之论，而是基于市场历史和事实的结论，倘若廉价筹码真的

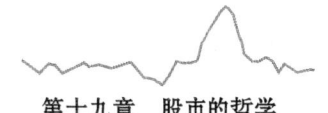

第十九章　股市的哲学

能吸引大众买入，那么今天的市场应该表现活跃才对，大众应该为这样的机会感到兴奋才对，但是现实却是根本没有什么人愿意买入，**缺乏足够的参与者**。"（1921年3月30日）

汉米尔顿曾经讨论过一个自命为价值投资者的行为和态度："他或许根据价值的原则买入了某只股票，但是却老是被这只股票搞得心神不宁，因为他认为每天早上都应该看下这只股票的报价。当他看到这只股票跌了几个点时，他认为应该立即止损，并且要从中吸取教训。我认为他对所谓教训的看法是彻底错误的，他要牢记的教训并非亏损，而是他忘了买入这只**股票的理由**。"（1921年3月30日）

为什么那些蓝筹股也经常出现下跌？倘若单看每股收益和内在价值，这些下跌显得毫无道理。汉米尔顿是这样回答的："股市中，当多头兑现利润的时候会卖出筹码而导致市场波动。这时我们往往会忽略掉一个事实，那就是绩优股比垃圾股的价格更加弱势，因为绩优股的交投活跃，而垃圾股无人问津。急需现金的人即便想要套现垃圾股也无法完成，因此更加务实的做法是抛售绩优股，这导致绩效股波动更大。"（1921年3月30日）当然，这里提到的操作往往与大资金操作者有关，为了获得现金流他们会卖出

当大家都对股市彻底死心的时候，价值投资者捡便宜货的机会就来了。营业部有多热闹，股市就有多危险。当华尔街的擦鞋匠都开始推荐股票的时候，你说还有多少接盘的力量呢？

汉米尔顿对投资的论述放到今天也是非常精辟和正确的，难得有人像他一样能够同时说清楚投机和投资的要点。

为什么在美国和中国香港市场垃圾股几乎没有成交量，而在A股市场却经常炒到天上去了呢？第一，壳资源的价值是A股市场的一个独特之处；第二，垃圾股往往与资产重组题材有关，这也是一个题材投机的热点。随着退市制度和借壳上市制度不断完善，A股市场会不断向成熟资本市场靠拢。

斯坦利·克罗在期货交易中也非常偏爱次级折返提供的进场机会。A股市场里有一些高手习惯于做主升浪，其实也与次级折返后的再度上涨有关。

蓝筹股。当然，比起蓝筹股他们更愿意卖出那些缺乏投资价值的垃圾股，但问题是这样的股票缺乏成交量，**无法套现**。

汉米尔顿在评价自己工作和捍卫道氏理论的时候说道："研究股价运动时犯的绝大多数错误都是因为脱离了道氏理论的基本科学原理导致的。"（1919年8月8日）

汉米尔顿时常鼓励他的追随者们在显著的次级折返回调之后买入股票。在某篇文章中，他写道："即便在最糟糕的情况下，这次回调的幅度也并未损害继续上涨的能力，正如法国谚语所说——后退是为了更好地前进。"（1911年7月14日）汉米尔顿对于次级折返有着罕见的研判能力，那些对他这项才能有信心的交易者们如果发现上述句子在他股评中反复出现，那就是对牛市**持续的最好预判**。

1924~1929年，汉米尔顿数次对股市投机和投资的盛行发表意见。他发现股票公开发行面向的社会人群越来越广泛，不仅是金融界那些大机构持有的股票数目增加，整个国家的人们都在参与股票投机，而此前这类活动不过局限于少数几个金融中心。汉米尔顿认为这些现象预示着大众蜂拥套现的时候会导致股市崩盘的大灾难，他即便不是唯一做出这样预测的人，也是屈指可数的几个人之一。下面这段话是他在1925年写的，同样的观点在当年其他文章中和1929年股灾时也曾多次表达："交易者务必仔细观察跟踪股市的技术形态，一旦出现突发事件冲击到大众的持股信心，那么全国都会出现抛售潮，在这种情况下华尔街也无法统计出具体的仓位分布情况，因为现在的持仓者分布在全国，而非像此前一样集中在纽约。"（1925年3月9日）那些在1929年股市达到顶点后不幸被套牢的人们应该能够认识到这段话的价值和智慧所在。

有些读者喜欢写篇幅很长的信给《华尔街日报》的编辑，他们在信中提出一些从自己股票投机分析系统得出的方法和观点，并且认为这些东西是毋庸置疑的。对此，汉米尔顿经常以编辑的身份回应他们："有句话再怎么强调和重复都是有意义的，那就是——**对图表、交易系统和策略的任何教条化和机械化加工都会导致彻底失败的交易之路**。"（1909年3月17日）虽然图表对于道氏理论研习者而言是必不可少的，正如同分类账目对于银行而言是必需的一样。但是，道氏理论研习者们必须自制，避免机械和教条地论述原理和方法。众所周知的事实是股市绝少情况下会被精确的**预判所言中**。所以，汉米尔顿清醒地指出："倘若市场完全按照预测波动的话，那么定然有十分恐怖的因素蕴藏其中。"（1906年5月19日）

江恩理论和各种波浪理论虽然提供了一个精确思考市场的框架，但是却不能完全信以为真，因为看似精确其实也蕴含了多种可能性。

某轮牛市正处于亢奋阶段，整个市场蔓延着极端乐观的情绪，此时汉米尔顿提醒他的读者们："按照现在盛传的各种说法，未来半年就有一轮大牛市，众人拾柴火焰高。这样的情形就好比精心准备的鱼饵被放到了水里，等待大量的鱼儿争相上钩。"（1909年12月20日）有意思的是这段评论写在牛市见顶之前几天，汉米尔顿显然已经看到了容易上当的傻瓜们会吞入无法承受的鱼饵。

在另外一篇文章中，汉米尔顿写道："股市的长期历史表明，最佳的买入时机都难以让人一眼看出，它们被伪装起来。另外，当那些先知先觉的大资金开始卖出的时候，市场往往表现出牛市的特征。在亢奋喧嚣的市场氛围之下，手持大量筹码的人完成了派发。"（1923年1月16日）这些都是财经新闻经常制造的欺骗性局面给我们的警告。倘若汉米尔顿在1930~1931年的艰难世道中仍旧在这个世界上，那么他或许就能提醒我们不要上钩吃进那些套人的诱饵了。大家需要明白一个道理，那就是当资金雄厚实力强大的机构主力们准备出货的时候必然先尽力拉高股价，并且制造一个乐观**氛围便于出货**。

> 利用媒体、大众心理特征制造一个利于出货的氛围，这就是聪明大资金在高位要做的事情。

1923年4月27日，汉米尔顿万万没有想到，"我们被要求去倾听的那些学院派经济学家们"会因为道氏理论的语言而深感不安。

"道琼斯指数有着其他所有市场预判方法所不具备的特点，它们并不持续有效。"（1925年12月17日）这是汉米尔顿给那些服务费用不菲的投资咨询机构的宝贵建议。

"每一个华尔街的交易者都应该明白，当他处于市场正确一方的时候，如果在100点的上涨过程中不及时获利平仓，而是利用浮盈加仓的话，那么只有价格稍微下跌一点就会导致他的头寸处于较此前更为不利的状态。这类交易者通常会发现，如果不幸在市场顶部附近进行了金字塔加仓，那么股价的小幅下挫就足以让他的利润和本金荡然无存。"（1928年12月12日）

"真正的牛市往往不会有什么大新闻，这是长期以来大家都明白的一个观点。因为一旦某只股票上涨的原因被报道出来，众所周知，那么这只股票的上涨可能**就会结束**。"（1912年4月1日）

在某轮熊市当中，政治家们抨击华尔街的言行激怒了汉米尔顿，他反击道："天知道实情是怎么样的，这些政治家们难道不是在自己扇自己耳光吗？从证券市场的历史来看，很多时候纽约股票市场都比其他任何人更早地觉察到经济和政治上的危险，**并且更早撤退**。"（1924年11月12日）

汉米尔顿在《股市晴雨表》一书中指

汉米尔顿反对加仓，特别是保证金制度下的浮盈加仓。在这点上与J.L.存在明显的区别，倒是与吉姆·罗杰斯的操作风格类似。

最后一次利多兑现，股价上涨趋势结束。

股市是晴雨表，这是中长期而言。

股票市场在短期都是非理性的，而这提供了机会。

能力需要经过长期的专门训练，股市投机和投资也是如此，但是人们往往忽略了这一点。

杠杆交易者在趋势尾声阶段更加危险。

出："我能够轻而易举地列出无数的实例来说明一点，那就是在华尔街输钱的人们往往是因为他们的正确预测太超前了。"

"所谓的正常股市**从未存在过！**"（1911年5月4日）

"现在所有人都在参与投机，但是根据我数年的经验而言，普罗大众的经验和判断能力肯定无法与资深人生和业界精英们相提**并论。**"（1928年12月8日）

汉米尔顿在1929年牛市终结的前夕撰写了下面若有所指的话："对于那些在股票市场交易活跃，按照金字塔加仓法则操作的投机者而言，他们中的大多数人都有重要的个人事务和家庭责任在身，因此他们在目前的情况下将面临更大**的风险。**"（1928年12月8日）

《华尔街日报》非常明智，不像许多媒体热衷的那样给出年度股市预测。汉米尔顿是这样评价上述行为的："真实的收益远胜过不切实际的预测，这是一条股市法则。事实上，新的一年才开始不到一周，人们早已将此前的年度预测抛之脑后了。"（1929年1月1日）

1922年5月，熊市的看法蔓延整个社会，大众被告知主力在出货，原因是股价上涨太快。《华尔街日报》并未加入到看空的阵营，汉米尔顿为了保护读者们的利益发表了

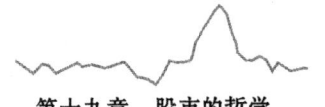

第十九章 股市的哲学

下面这段告诫文字："**大众密切关注的主力真正出货的时候绝不会大张旗鼓。**"（1922年5月22日）有意思的后续发展是股市接着又涨了大概5个月时间，中间竟然没有显著回调。

"某人出于投机目的购买股票却发现选错了标的，或者是极少数情况下虽然选对了标的，但是却选错了买入时机，他们往往会将这些错误归罪于外界或者他人。他们要么否认股票市场对经济的预判作用，要么将股市与经济走势混淆起来，要么认为撇开道氏理论也能看准股市的趋势挣到钱。无论他们在选择标的和时机上犯下了多么愚蠢的错误，也无法说服他们改变研究过程。无论他们如何颠倒了股市与经济的领先关系，也无法说服他们调换两者发展的先后顺序。正如威尔智利·希尔斯的名言——需要完成两个步骤或者同时理解两个对象时总会导致无法**摆脱的混乱。**"（1923年7月30日）

"投机者不能寄希望于从那些背离于股市下跌大势的上涨个股上获利，除非是非常特殊**的情况。**"

汉米尔顿也论述了股票投机活动的道德属性："我认为投机获得从根本上来讲并未引发什么道德问题，因为投机与堕落地借钱赌博完全不能画**等号。**"

汉米尔顿很显然并不喜欢那些频繁要求

大众都预判主力要出货的时候，主力就算本来想要出货也会推迟，因为这个时候出货缺乏足够对手盘。另外一种情况下，大众对熊市的一致预判往往是错误的，经济的大背景往往与大众的一致预判也是相反的，所以主力还有继续买入的坚实理由。

同时把握选股和择时是非常困难的，同时搞清楚股市和经济也是很具挑战性的。

顺大势和大盘而行，安全系数更高。

按照现在的金融行话来讲，就是投机为价值投资者和套期保值者提供了充足的对手盘，提高了金融市场的流动性，减少了金融市场的交易成本。

市场建议的读者，他有时候会很长一段时间处于市场意见空窗期，并且如此解释这样做的缘由："我们可不想与巴布森先生这样的牛气股评家或者是那些名头不大的二流市场预言家竞争。另外，当大众开始将《华尔街日报》上的股市讨论当做内部情报和精准语言时，我们就决定放弃这种招致误解的做法。"

如果能够统计出有多少汉米尔顿的读者根据他临终前几周的市场预测采取了行动，那就更能彰显这次预测的非凡意义。汉米尔顿在1929年10月26日的市场评论中写道："迄今为止，道琼斯指数这个晴雨表从上个星期三，也即是10月23日就开始表明股市的趋势已经转而向下了。"这段话是汉米尔顿职业生涯的最好墓志铭，我们需要记住的另外一点是当时绝大多数股评家们还沉浸在股市新世纪的乐观信念之中。

伦敦货币交易员的日内操纵与英镑择时操作法

日内杂波在道氏理论那里并没有得到充分的研究,不过道氏理论却提出了一些较为有用的观点。道氏理论发展是基于股票市场,因此也就忽视了日内波动的深入研究。因为股票的日内波动幅度较小,在没有杠杆或者低杠杆的股票市场上提供的潜在利润较小,而且非常不容易把握。但是,随着期货和外汇保证金市场的发展和扩大,我们不得不重视日内杂波的研究。作为日内短线交易者,在重视趋势的前提下应该对日内杂波进行一些富有成效和实际操作意义的研究。**日内杂波往往受到市场作息规律和主力行为的影响**,这个在 A 股市场上就有明显的影响,所以日内杂波的分析不得不查看盘口挂单和买卖单变化(附图 1-1),在外汇市场上也有类似的分析工具,这就是 FXCM 提供的无交易员平台,通过这个平台可以参看各个价位的挂单情况,功能类似于 A 股市场的盘口信息。另外,日内杂波还受到了主力习惯的影响,比如外汇市场的主力往往在整数关口挂单,因为从执行和结算的角度来看,这些整数关口更便于采纳。

外汇市场有两个显著的独特之处,第一是很难统计成交量,第二是有多个轮换的交易中心(附图 1-2 和附图 1-3)。这两个特征使得外汇市场上的操纵具有不同于股票市场的特征,而了解这些对于日内交易者而言具有十分重要的意义。很多采纳 Metatrader4.0 平台的外汇经纪商都可以提供成交量(附图 1-4),但是这个成交量是局部的,而且受到了外汇

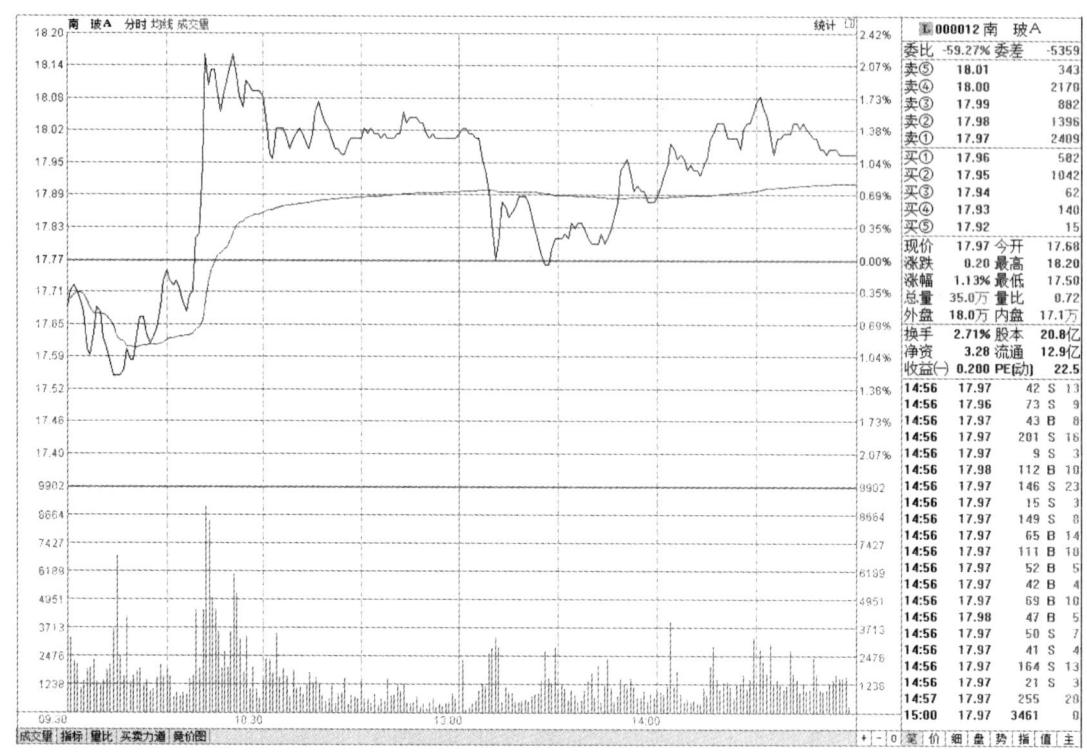

附图 1-1 股票的盘口信息

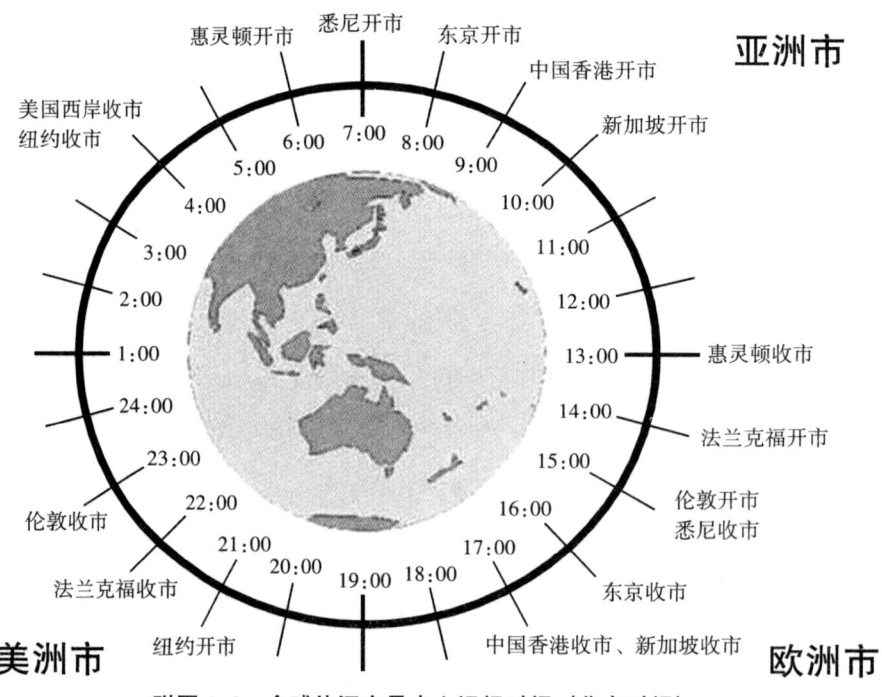

附图 1-2 全球外汇交易中心运行时间（北京时间）

附录1 伦敦货币交易员的日内操纵与英镑择时操作法

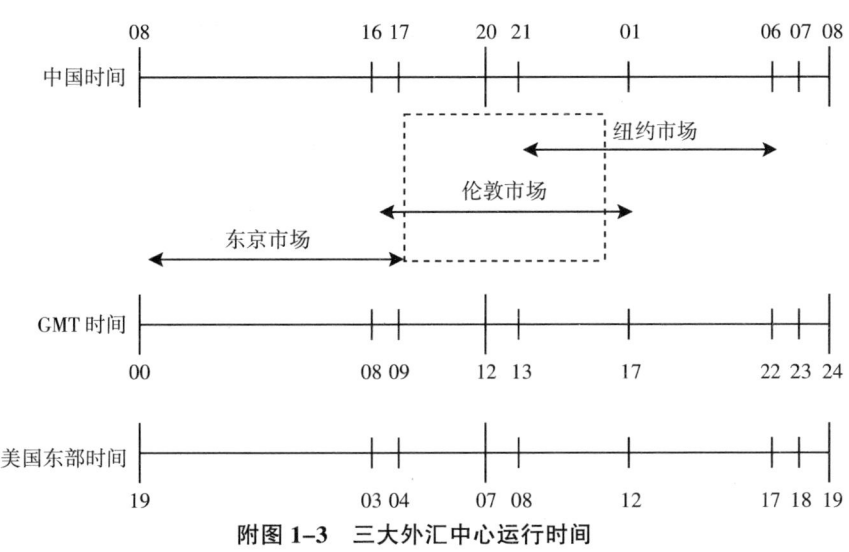

附图1-3 三大外汇中心运行时间

附图1-4 某经纪商MT4平台提供的局部成交量统计

交易中心轮换的影响，在亚洲市场主导时段成交量普遍较小，在欧洲市场主导时段成交量普遍较大，因此成交量的变化体现的无非是市场作息的变化。外汇市场是24小时开放的，除了周日内假期之外，外汇市场在一刻不停地运作，但是并不是每个时段都适合特定交易策略，因为外汇市场交易中心的轮换往往直接决定了日内波动的特征，每个交易中心的力量是不同的，是不对称的，所以对行情的影响也是不一样的，明白了这点才能更好地看待日内波动。没有成交量，全球各主要金融市场轮流充当交易中心，这就是外汇市场的独特之处，而这两个独特之处决定了外汇市场日内波动的诸多规律，下面分别叙述。

外汇市场的交易员们受制于作息规律，而这决定了日内操作的时间特性，是英镑择时操作法有效的基础。英镑择时交易法我们在《外汇交易圣经》和《外汇短线交易的 24 堂精品课：面向高级交易者》中都有详细的介绍，其大致意思是英镑的大部分交易是由伦敦和欧洲大陆的交易员完成的，他们大多是银行等机构的交易员，因此能够看到绝大部分客户止损订单的准确价位，所以他们往往会在伦敦和欧洲外汇市场开始运作不久之后故意推动行情触发那些较近的止损单密集区域，通过这种方式他们不仅可以获得短线利润，而且能够试探出当日的主要方向，从而为此后的加仓操作提供参考。欧洲市场开盘后一两个小时的走势往往是试探性的，第一波走势往往是反向的（附图 1-5），这就是英镑择时操作法的

附图 1-5　英镑兑美元在伦敦开市后的反向走势

思想之一。

外汇市场的机构订单受制于人类的心理会计倾向,而这决定了汇率日内波动的整数特性,是整数框架操作法有效的基础。50 和 00 结尾的价位往往是市场分析和机构挂单的位置,你看看汇评和机构交易员的交易计划就知道了。日内波动的转折点经常出现在 50 和 00 价位附近不超过 5 个点的区域(附图 1-6),我们在《外汇短线交易的 24 堂精品课:面向高级交易者》中对利用这一规律的整数框架操作法进行了全面而详细的介绍,这里不再赘述。读者明白一点即可:00 价位和 50 价位往往是日内波动的高低点,这就好比箱体。大家如果看过达沃斯的箱体理论就会发现外汇也好像乒乓球一样在一个个叠在一起的箱体中运行,而这些箱体就是 00 和 50 结尾的价位。

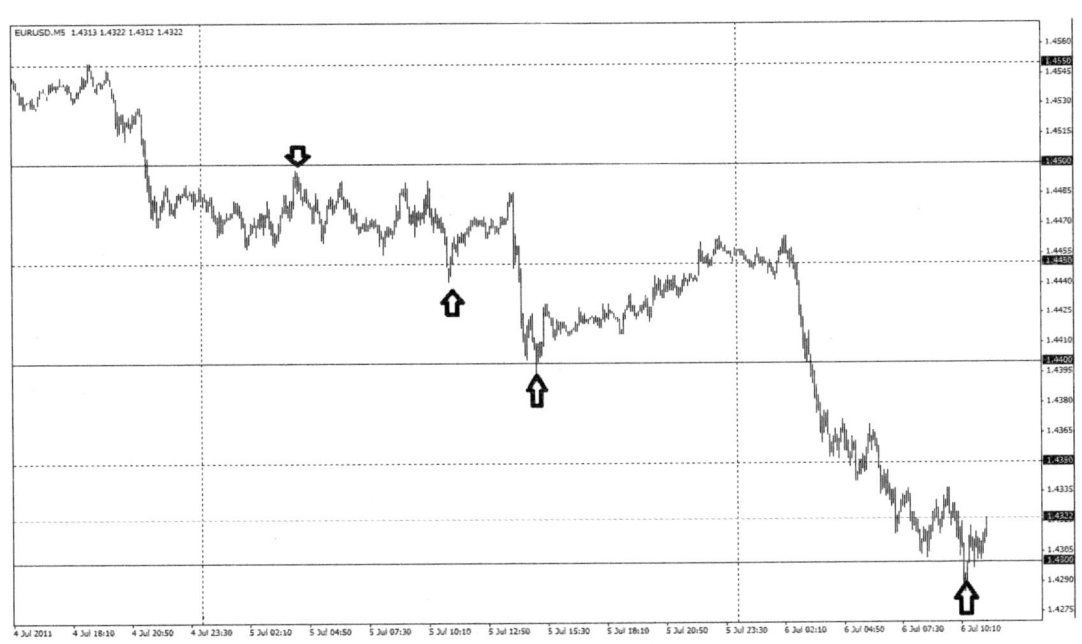

附图 1-6 汇市的 00 和 50 效应

外汇市场中的日内策略就像服装一样具有流行性,一段时期内流动的日内操作策略决定日内波动的一些规律,比如曾经非常流行的 Camarilla(附图 1-7)和轴心点策略。这些策略广泛流行的时候,价格的转折往往自我实现，这些策略预先计算出的阻力支撑位置经常发挥作用，关于 Camarilla 和轴心点（本书后面将详细介绍），大家可以参考《外汇短线交易的 24 堂精品课：面向高级交易者》。

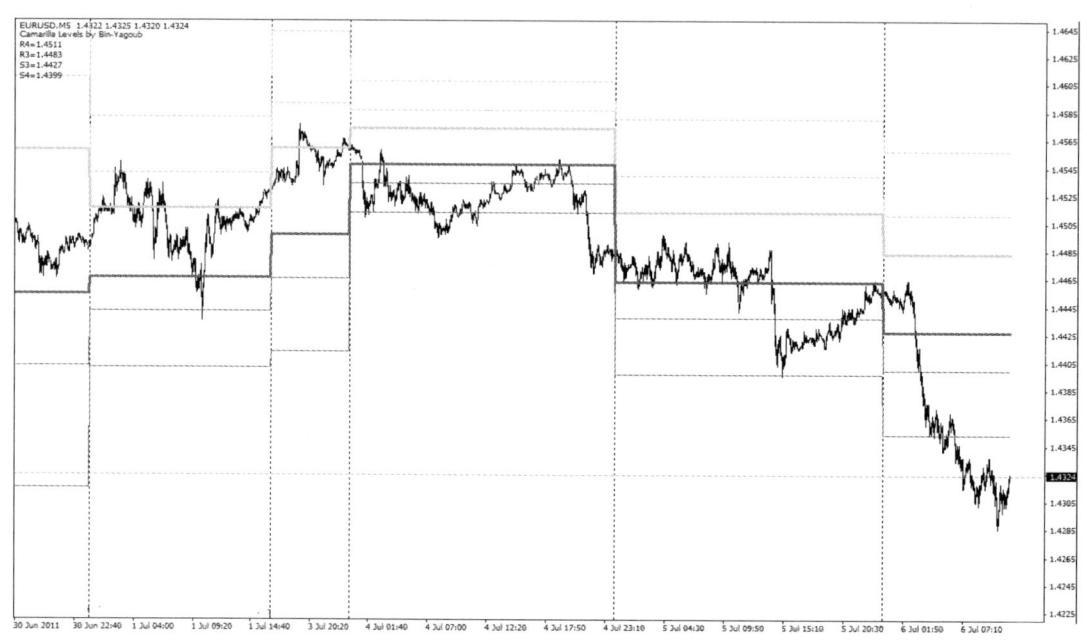

附图 1-7　Camarilla 提供的日内支撑阻力位置

亚欧美操作员之间的相互较量也成为外汇日内波动的一个显著驱动因素。早在 2006 年，我们一位交易员就发现了一个非常重要的现象，那就是有时候欧洲和美国的交易员会相互攻击对方止损订单和削减对方的浮动盈利。比较典型的情况是欧洲交易员将欧元兑美元推升，到了纽约开市之后，美国交易员就将欧元兑美元打压下来，从而让欧洲交易者的浮动利润化为灰烬，甚至触及止损单。

日内杂波除了受到上述这些因素的影响之外，还受到了日内公布数据的影响。如果日内公布的数据较多而且重要程度较高，那么日内波动就较有规律，杂乱程度就较低。一般日内公布数据的预期会提前影响行情，这个提前幅度一般是半天左右，结构性变化的货币政策，比如加息或者量化宽松等则会提前几天甚至数周影响市场。**市场主要关注的是最**

近一个要公布的重要数据，明白这点很重要，市场很难同时吸收多个数据预期的影响，因此在一段时间内往往以吸收最近一个最重要数据的预期为主，明白这点对于短线操作而言非常重要。为了让大家重视这一规律，我们把它定义为"**关注最近最重要数据倾向**"，可以进一步定义为"**市场行情体现最近最重要数据预期原理**"。所以，日内波动除了受到市场作息规律、机构挂单习惯的影响之外，还受到了这种最近数据预期的影响，这是影响外汇日内杂波走势的三个最为重要的因素。我们总结为帝娜外汇日内波动三大规律：**市场作息规律，最近数据预期规律，机构整数挂单规律。**

另外，实际值公布不符合预期也会引起市场的波动，这个比较好把握。**关键是观察市场对消息的反应**，这点很重要，单纯看待消息和数据是没有用的，只有从比较中才能更好地把握。

（本文节选自《顺势而为：外汇交易中的道氏理论》第一版）

指数 N/2B 法则：趋势开始的确认信号

我认为高位 123 结构和低位 123 结构是市场中几乎所有大趋势运行的最初始结构，为什么这样讲呢？因为几乎每段趋势，无论是大趋势还是小一些的趋势都可能从高位 123 结构或低位 123 结构开始。

——乔伊·罗斯

经典的买入信号可以这样概括：市场低点——上升——回调但不触及低点——突破创出新高。

——杰克·施耐普

当我在行情记录上看到某只股票上升趋势正在展开时，先等股价出现正常的向下回撤，然后股价一创新高就立即买进。当我做空的时候，也采用类似的方式。股价先是下跌，然后反弹，等待反弹夭折创下新低的时候我进场做空。

——杰西·弗莫尔

趋势是指指数（价格）的整体走势，如何确认趋势的开始，这个必然要从技术面最终入手。基本面和心理面分析再透彻，必然还是要落实到指数走势上才能赚得真金白银，因为与盈亏直接相关的还是指数（价格）的走势，而不是你的分析。

谈到 N/2B 法则的人很多，罗伯特·雷亚，维克多·斯波兰迪，乔伊·罗斯，杰克·茨威格等，其实这个东西并不神秘，简单但是要说透恐怕需要一本书的篇幅。我们这里仅仅从指数趋势确认的角度去介绍 N/2B 法则，而且我们的着眼点与上述不同。具体而言，罗伯特·雷亚着重 N/2B 对 N/2B 的交互验证，而维克多·斯波兰迪着重于对 N/2B 提供的技术进场信号进行介绍，乔伊·罗斯则将 N/2B 当成了系统交易方法的基本单位构件，杰克·茨威格则从空头陷阱和多头陷阱的角度来介绍 2B 点的逆向进场法。那么，我们着眼于什么呢？着眼于技术面与基本面和心理面的验证。N/2B 没有那么神秘，只是市场波动的一个最常见结构而已，只有与基本面和心理面工具结合起来才能对交易实践产生显著影响。

我们分别介绍 N 字结构和 2B 结构，关键是大家在掌握了这两种常见的顶部和底部形态之后能够结合前面几堂课已经学到的东西进行运用。具体而言就是你要努力将股市极可能在经济衰退阶段筑底的预判与 N 字底部（或者 2B 底部）的出现结合起来分析，或者是将股市极可能在经济繁荣阶段构顶的预判与 N 字顶部（或者 2B 顶部）的出现结合起来分析，这就需要将第一课的内容与本课的内容综合起来熟练运用。流动性与 N/2B 结构的综合研判是第二个重要的方面，具体来讲就是将流动性极端低水平与股指的 N/2B 底部结合起来研判，或者是将流动性极端高水平与股指的 N/2B 顶部结合起来研判，这就是将第二课的内容与本科的内容综合起来使用。第三个方面则是成交量法则与 N/2B 结构的综合使用，具体而言就是地量与 N/2B 底部结构的相互确认，天量与 N/2B 顶部结构的相互确认，当然两者接近即可，没有必要完全对应，也就是说不要求 N/2B 完全对应于天量或者地量，只要在时间上靠得很近即可。除此之外，我们还应该将本课的内容与后续的内容结合起来使用，比如第六课股票的供给问题，第七课"国家队"资金的进出，以及第八课市场整体估值水平，第九课指数动量背离，第十课市场心理法则。本课后面会提到与 N/2B 结构进行交互验证的四个最为关键的方面，我们还是先从 N 字结构入手进行介绍，然后再介绍 2B 结构，毕竟对于很多还没有接触过这两种结构的初级交易者而言，还是有必要进行基础知识上的一次梳理。对于那些经验丰富的中级水平交易者而言，重新认识这两种结构也是必要的。毕竟，本次系列授课的逻辑框架与主流观点不同，因此有必要站在恰当的角度来认识 N/2B 结构在整个指数大势研判中的功能和用法。

严格意义上来讲，股市市场上的 N 字结构需要从价量两个层面来进行完整理解，在实践中也是同样的道理——**你需要在价格（指数）与成交量两个层面同时确认 N 字，这样去分析才能提高操作的胜算率**。我们此前出版过一本小册子，名为《短线法宝》，整本书都围绕着价量 N 字结构展开，当然那本小册子集中于传授个股的短线方法，因此对于指数基本没有涉及。在本课我们仍旧讲 N 字结构，不过却是从指数的角度来讲，更为重要的区别在于**我们最终要把 N 字结构与基本面和心理面结合起来使用，这才是股票交易的王道**。比如，某些题材股或者重组股在发动之前，其实有很明显的 N 字顶部结构，这些不知道大家发觉没有，将基本面和心理面与 N 字结构结合起来研判，这个并不是今天才被发明的框架，其实杰西·利莫佛是精于此道的高手。因此我们不能局限于《短线法宝》的纯技术面姿态。毕竟，《短线法宝》主要还是停留在入门者这个角度上，重点引导大家对市场运动的基本结构以及主力动作的基本盘口特征有所认识，并且能够在恪守仓位管理的前提下逐步走向盈利之路。

N 字结构又被称为 123 结构，因为这个结构主要是用 3 个点来定义的。请看附图 2-1，左边是 N 字底部定义的理想结构，也就是说 A 点开始上涨，涨到 B 点开始回撤，回撤到 C 点继续上涨，然后创出新高超过 B 点，关键在于 C 点不能低于 A 点，而回撤结束后上涨必须超过 B 点。所谓 123 底部其实就是用 ABC 三点来定义，最早的时候我们也不知道国外对 N 字结构的研究，只是自己在交易实践中逐步总结出来的东西，看起来像 N 字就定义为 N 字结构了，后来才发现这个东西国外也有，一般被定义为 123 结构。附图 2-1 右边的部分是一个指数走势构成的 N 字底部。N 字结构反映了"肯定—否定—否定之否定"的辩证式前进法则，其实趋势的发展就是以这样的方式展开的，往往你拿不住一波大行情原因有两个：一是因为你不了解趋势的具体展开方式是波浪前进的，二是你对能不能形成趋势心中没谱（**归根结底还是你对驱动面没有吃透**）。

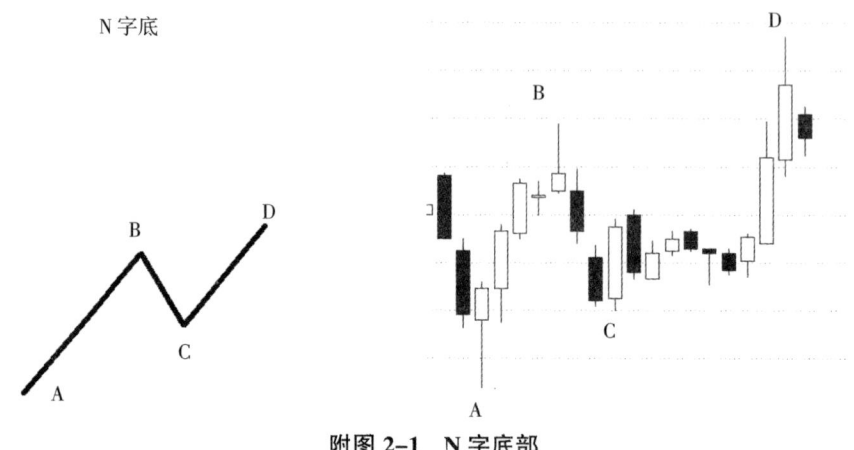

附图 2-1　N 字底部

光有 N 字底的理想模型和定义还不够，我们来看一些指数走势方面的具体实例。沪深 300 指数对于股指期货交易者而言具有非常重要的意义，因为这是相应的现货标的，而且沪深 300 指数本身融合了大盘股和中盘股的影响，比起上证指数而言更能反映整个 A 股市场的走势。在识别大盘大势 M 方面，我们除了关注上证指数之外也应该不时查看沪深 300 指数的日线图走势。N 字底部在沪深 300 指数日线走势上具有较为有效的提醒意义，请看附图 2-2，这是一个典型的 N 字底部。A、B、C 三点非常清晰，这就是市场从技术面提醒我们向上趋势很可能开始了，那么我们接下来就应该研究下驱动面和心理面是不是支持这一提醒信号呢，这就是真正股票高手的思维习惯了。

2007 年之后做 A 股不能不考虑大盘股与小盘股的区分，因为资金的流动具有明显的轮动效应，这既可以算得上是板块方面的差异（这个将在第二阶段的课程中专门介绍），同时应该算得上是大势级别的一种动向。因此，在观察 A 股市场动向方面，我们除了要观察上证指数和沪深 300 指数之外，不能忽视创业板指数。创业板指数反映了小盘股的整体趋势，该指数的底部往往也以 N 字底部的形式出现，这对于我们把握整个

附录 2　指数 N/2B 法则：趋势开始的确认信号

小盘股的动向具有很好的提醒作用。请看附图 2-3，创业板指数 2010 年 8 月左右形成了一个 N 字底部，ABC 三点非常明显，此后该指数有了一

附图 2-2　沪深 300 指数走势中的 N 字底部实例

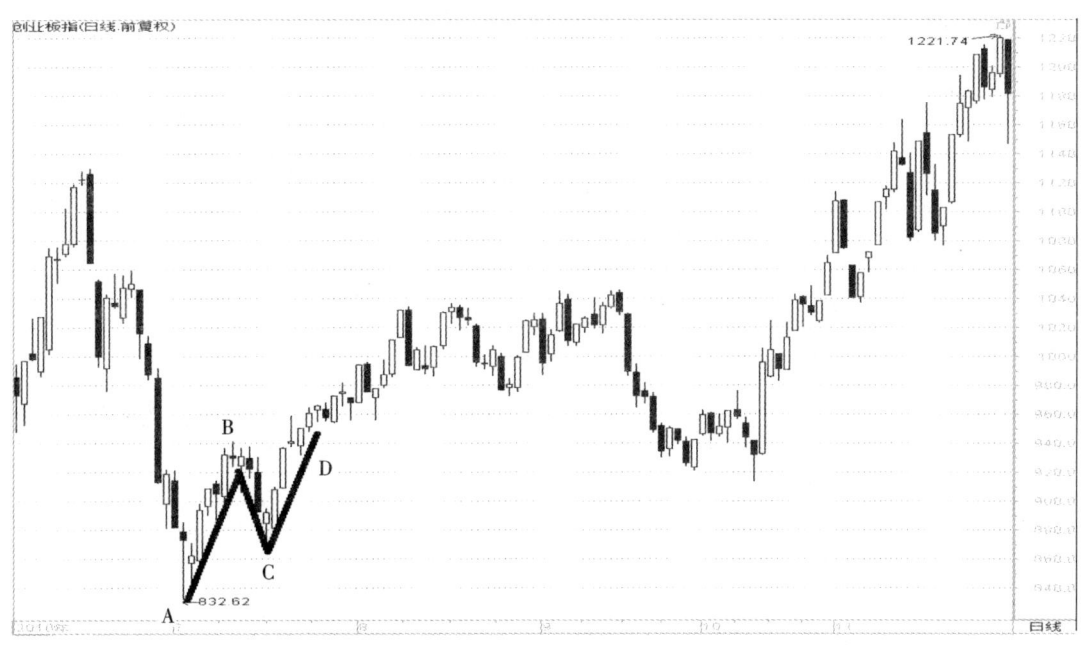

附图 2-3　创业板指数走势中的 N 字底部实例

199

波显著的上涨趋势。

谈到 N 字底部，我们已经看到了清晰而简单的实例，其实在 A 股指数的走势中，除了简单 N 字底部之外，还有一些复合类型的，比如附图 2-4 所示的实例。上证指数在形成历史大底 1664.93 点的时候，其实是构筑了一个多重 N 字底部，这个可以从上证指数走势的局部放大图中看到。**出现第一个 N 字底部的时候，我们就应该反过来查看基本面和心理面的情况。**当然你也可以在分析得出基本面和心理面见底之后，**等待技术面见底的信号。**是不是流动性底部出现了，信贷开始筑底回升了，是不是经济快要见底了（股市先于经济见底，经济有见底预期的时候股市就已经见底了，虽然在经济衰退的中后期股市往往会见底），是不是市场情绪极端悲观点已经出现了，社保基金是不是有入市迹象等。如果第一个 N 字底部出现你还没有搞清楚，那么等到复合 N 字底部出现的时候，你就应该尽快"搞个水落石出"，哪怕熬夜两天也要将基本面核实研究透彻，因为这时候很可能就是大行情开始往上的时候。

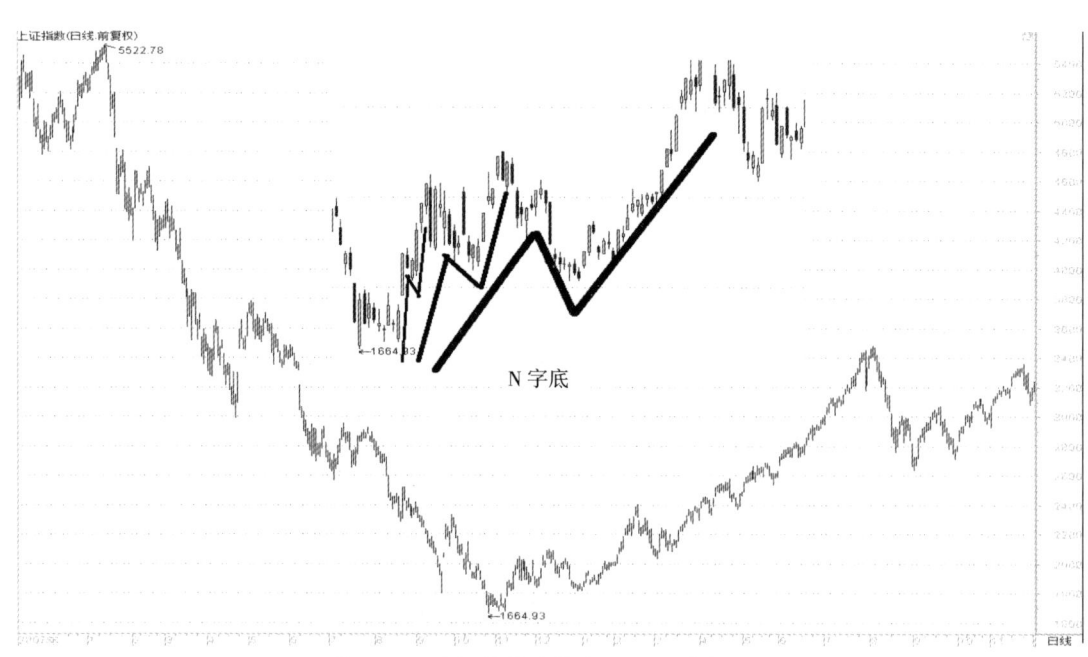

附图 2-4　上证指数走势中的 N 字底部实例

附录 2　指数 N/2B 法则：趋势开始的确认信号

　　N 字底部通常意义上是针对指数（股价）本身的，但是真正要运用这个结构还是需要结合成交量这个指标。**N 字底部出现的时候，往往相应的成交量也经历了"放量—缩量—再放量"的过程，这就是成交量的 N 字结构。** 价量同时在大幅下跌后出现 N 字结构，那就是效率很高的见底信号了。我们来看一个实例，见附图 2-5，深圳 300 指数在 2784 点附近出现了 N 字底部，指数先上涨，再回调，然后再上涨创出回升新高，对应的成交量在指数上涨的时候放量，指数回调的时候缩量，指数再度上涨的时候再度放量。这种底部信号，道氏大家罗伯特·雷亚非常重视，投机巨擘杰西·利莫佛也非常重视。指数"上涨—回撤—再度上涨"体现了"发散—收敛—再度发散"的市场节律，成交量"放大—收缩—再度放大"也体现了"发散—收敛—再度发散"的市场节律，这种节律就是趋势展开的节律，你要熟悉这种节律，才不会拿不住你的单子，**一波大的趋势不可能是完全以直线的方式展开，其中必然包括了曲折和波动。**

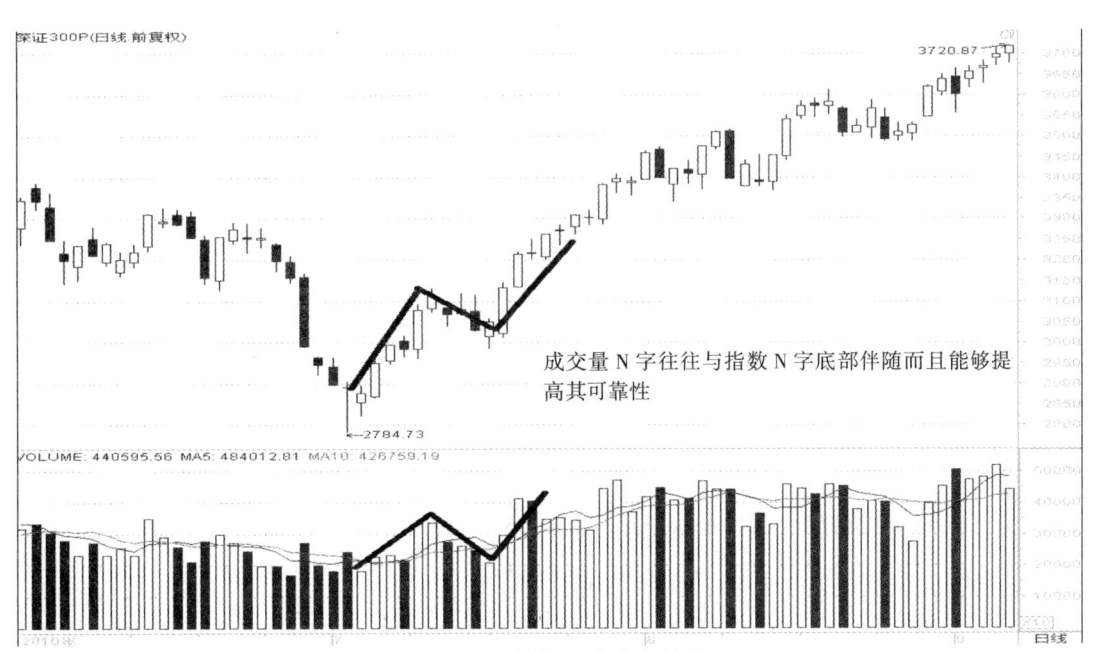

附图 2-5　价量 N 字底部结构

N字底部大家应该基本搞清楚是怎么回事了，现在我们接着来了解N字顶部的定义和实例，以及相应的运用之道。N字顶部与N字底部呈现镜像关系，这点是大家需要明白的。N字顶部出现在市场大幅上涨之后，N字顶部是向下N字中的一类。N字顶部是价格大幅上涨之后出现下跌，这就形成了第一波下跌，然后反弹，但是不创新高，接着再度下跌，创下回落以来的新低，见附图2-6。N字顶部也是通过若干个点来确定的，最为关键的是BC两点，其中B点处于一波下跌走势的末端，此后的再度下跌要跌破这点，而C点处于一波反弹走势的末端，且C点低于A点。

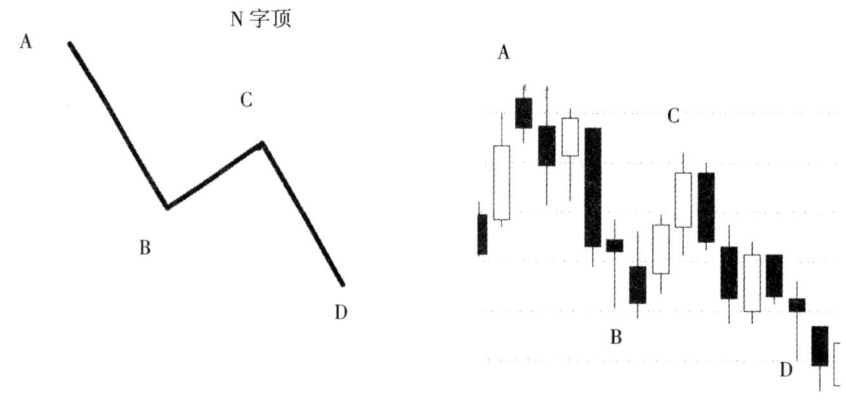

附图2-6　N字顶部

我们来看一些N字顶部的具体实例，当然是只涉及指数的N字顶部，因为我们还是在围绕AIMS中的M在介绍。请看第一个N字顶部的实例，见附图2-7，创业板指数在122附近出现了一个向下的N字结构，由于此前处于持续上涨状态，所以这可以看作是一个顶部N字结构，C点比A点低，如果C点和A点一样高，那就是双顶了，如果C点比A点高，那就是后面要介绍的2B顶了。C点比A点低，而CD段跌破了B点，所以这就是一个被确认了的N字顶部。附图2-8展示了创业板指数上另外一个N字顶部，看看与附图2-7以及前面的N字结构有什么共同特点呢？ABCD四个点的K线形态有什么规律吗？ABC三点都是反转的K线形态居多，而D点则是常常出现的持续的K线形态。比如，在附图2-8

中 A 点有一个黄昏之星形态，在 B 点有锤头底和看涨吞没。这就是 K 线作为微观形态与中观走势的结合剖析，可以相互验证，提高准确率。不

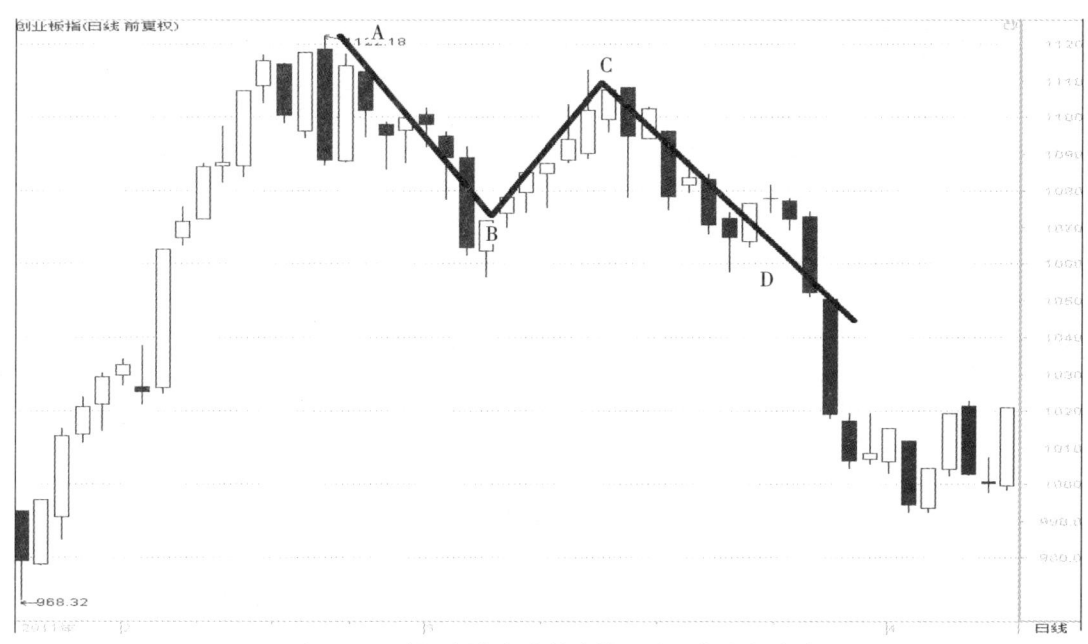

附图 2-7　创业板指数走势中的 N 字顶部实例（1）

附图 2-8　创业板指数走势中的 N 字顶部实例（2）

过，由于本教程以有经验的股票交易者为对象，所以不会全面地覆盖技术分析，对纯技术分析有兴趣的入门级股票交易者可以阅读相关材料和书籍。

正如 N 字底部一样，N 字顶部也会出现所谓的复合形态，请看附图 2-9。上证指数在历史大顶 6124.04 出现了一个复合 N 字顶部，相当于给了迟疑的持股者两次技术面提醒信号，记得当时有一位企业界朋友非得在第一个 N 字形成后重仓买入，怎么也劝不住，结果可想而知。

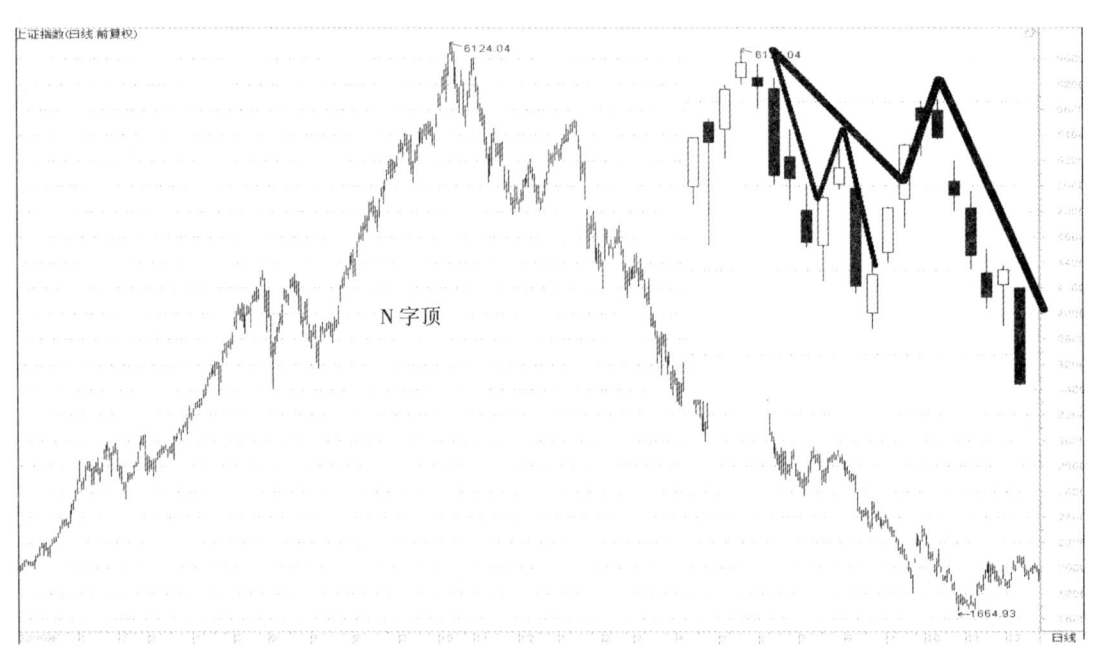

附图 2-9　上证指数走势中的 N 字顶部实例

N 字顶部最好也要结合成交量来判断，成交量往往也会在指数初次下跌的时候逐步缩量，随着反弹放量，反弹结束后继续下跌时再度缩量。我们来看一个例子，见附图 2-10，中小板指数在 6177 点附近形成 N 字顶部时成交量也形成了向下的 N 字结构。其实，成交量总体反映了一个倾向，那就是涨的时候交投活跃，跌的时候交易清淡。

上涨的 N 字被称为向上 N 字，大幅下跌后出现向上 N 字，一般被当作确认中的 N 字底部；下跌的 N 字被称为向下 N 字，大幅上涨后出现向

附录 2 指数 N/2B 法则：趋势开始的确认信号

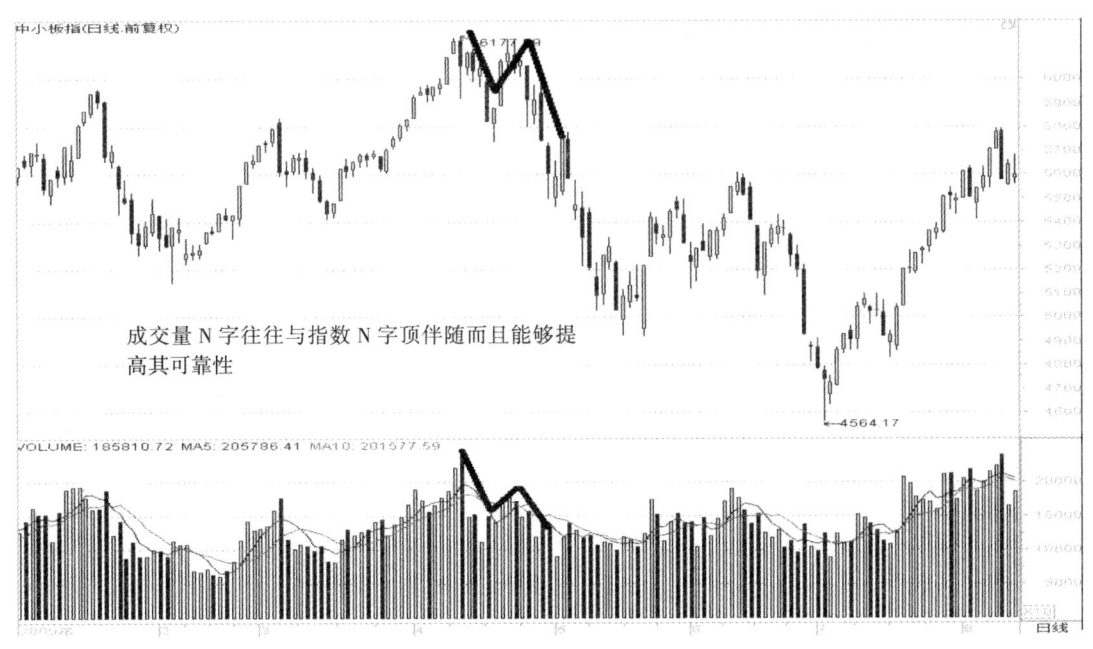

附图 2-10 价量 N 字顶部结构

下 N 字，一般被当作确认中的 N 字顶部。当然，光从 N 字结构出现之前价格是否大幅下跌或者上涨还不能有效地确认 N 字顶部或者底部，毕竟指数走势中 N 字结构非常多（见附图 2-11），因此我们需要借助以非技

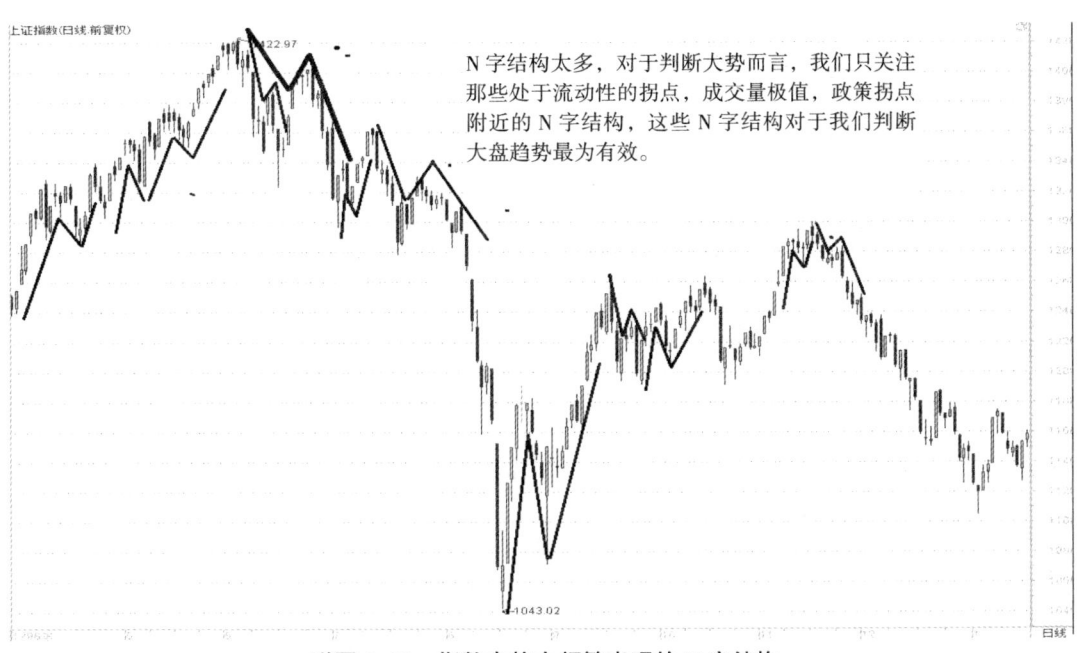

附图 2-11 指数走势中频繁出现的 N 字结构

术分析为主的工具来完成进一步的确认。

是不是顶部 N 字结构，除了结合成交量 N 字之外，还可以看是否最近出现了天量，指数天量代表极端兴奋，如果这种兴奋出现在两波或者三波持续上涨之后那么很可能就是极端兴奋点了。与此相应的是底部 N 字与地量的同时出现，见附图 2-12，这时候 N 字底部的有效性就更高了，地量出现意味着交投到了极点，对于指数而言，往往意味着悲观到了极点（当然，这是一种常见的情况，并不是所有的量都是悲观极端点，所以我们才需要综合研判，这就跟病情诊断一样，比如针对病人咳嗽的情况，首先列出哪几种病可能引起咳嗽，然后再来排除）。

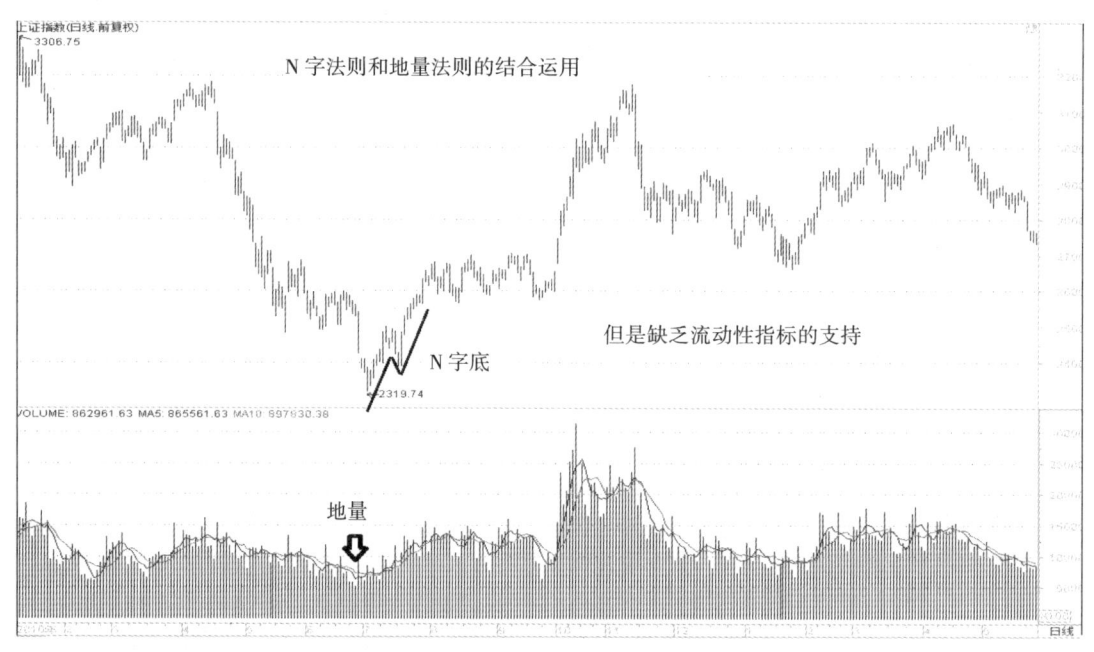

附图 2-12　上证指数 N 字底部与地量的结合

光是结合成交量来研判 N 字顶部和底部并不能彰显我们在股市研判上的优势，我们还要用大家用得少的武器，这就是流动性了，我们在 A 股市场上一般采用 M1 同比增速作为流动性的工具。M1 与 A 股大势具有同步性的特定，根据历史统计数据可以看到 M1 同比增速接近或者低于 10% 往往意味着流动性重大低点。如果股指出现了 N 字底部，相应的 M1

同比增速也在 10% 以下，那么这个 N 字底部的有效性就非常高了。我们来看一个具体的例子，请看附图 2-13，2008 年 11 月左右上证指数在 1664 点附近形成了，相应的 M1 同比增速低于 10%，这就形成了流动性底部对股指 N 字底部的确认，有了这个判断，你进场的勇气都大了不少，这比那种只看图形就进场的交易者在主观上更有勇气，在客观上更有胜算率。

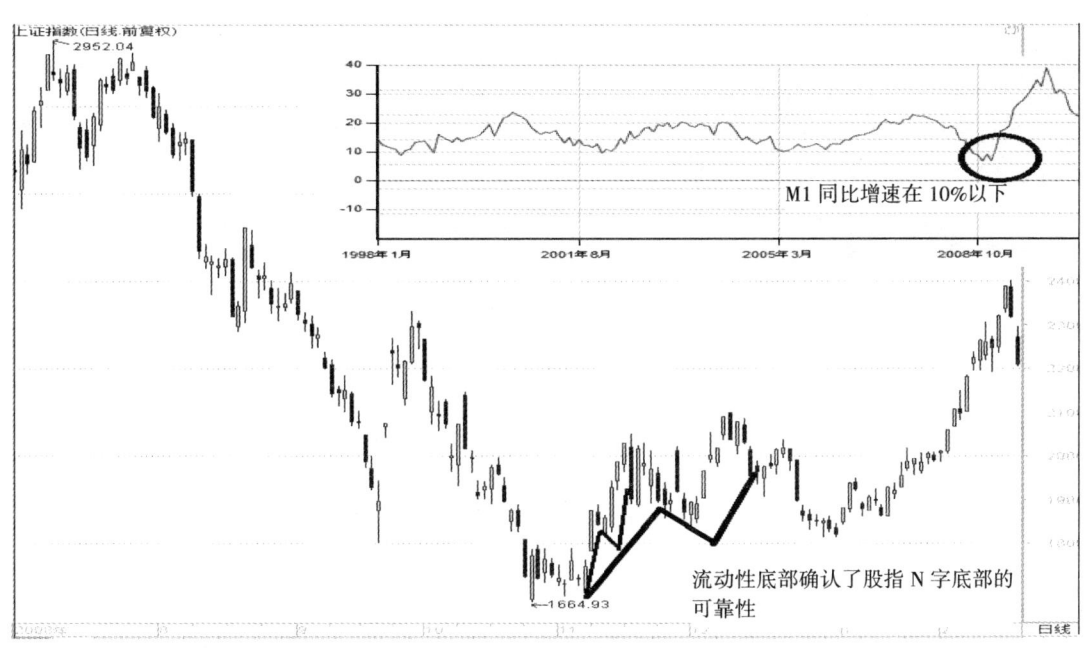

附图 2-13　上证指数 N 字顶部与流动性底部的结合

N 字顶部和底部还可以从市场情绪的层面进行验证，如果说用 M1 来验证 N 字结构属于基本面对技术面的确认，那么用市场情绪来验证 N 字结构就属于心理面对技术面的确认。你不要以为这是一种理论家的论点，我们在实际交易中经常这么干，圈子里面玩得好的高手也这么干，只不过人家不告诉你而已。我们来看一个具体点的例子，大家都知道的，请看附图 2-14。2007 年 9 月 17 日，《牛市一万点》火爆上市，当时是一件很大的事情，市场营销做得很猛，这很可能是情绪极端乐观的征兆，这就提醒我们，市场出现 N 字顶部或者 2B 顶部。当然，此后，上证指数在

6124点附近出现了N字顶部，我们可以反过来观察市场情绪，看到该书受到的追捧就可以从情绪的角度断定市场走到极致了，这样就反过来确认了N字顶部。

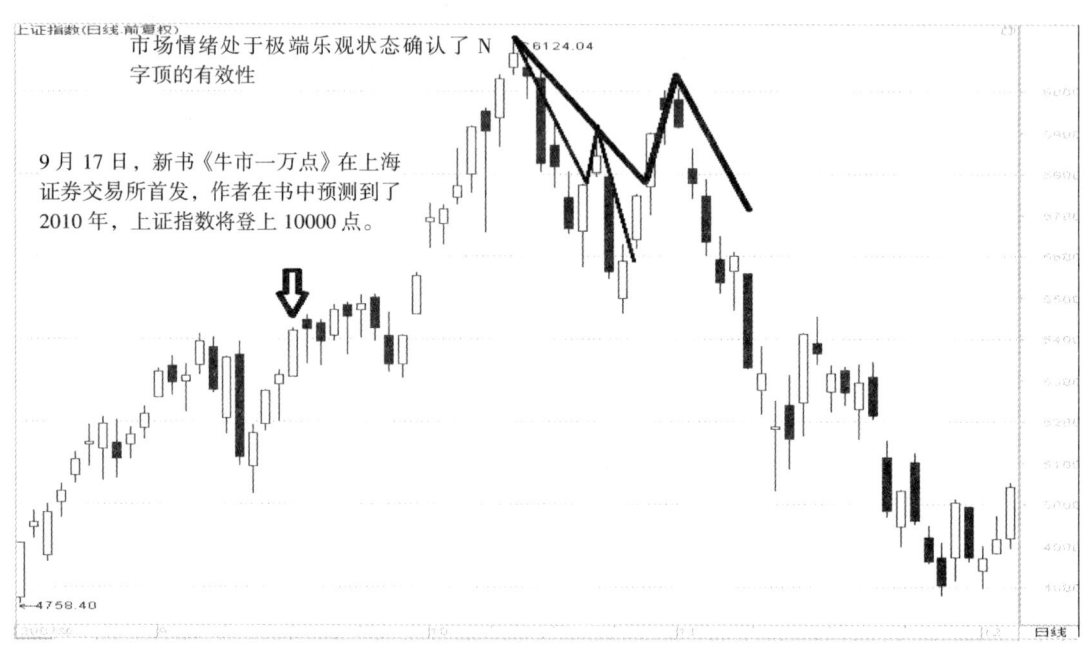

附图2-14　上证指数N字顶部与情绪乐观极点的结合

为了大家实践起来方便，我们给大家来个"按图索骥"。请看附图2-15，你见到了N字底部，接下来你就应该寻求以非技术面为主的有效证据，第一看看目前市场整体估值水平是不是足够低，具体就是看市盈率和市净率；第二查看市场情绪指标，比如知名杂志封面有没有突然提到股市，还应该查看下知名博主们的舆论倾向等；第三看看社保基金和汇金有没有动静，在网上输入关键字检索下；第四查看下M1同比增速怎么样，看看央行网站，关注下货币政策委员会成员最近的言论等。反正，见了N字底部，你就照着附图2-15逐条分析一下。同样，如果见了N字顶部，你就照着附图2-16逐条分析一下。

附录 2　指数 N/2B 法则：趋势开始的确认信号

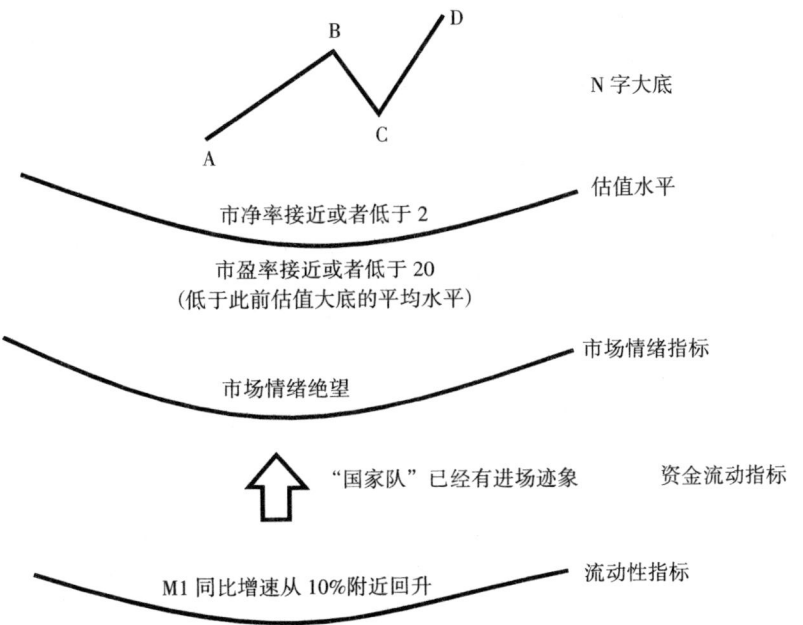

附图 2-15　指数 N 字底部与驱动面和心理面的结合

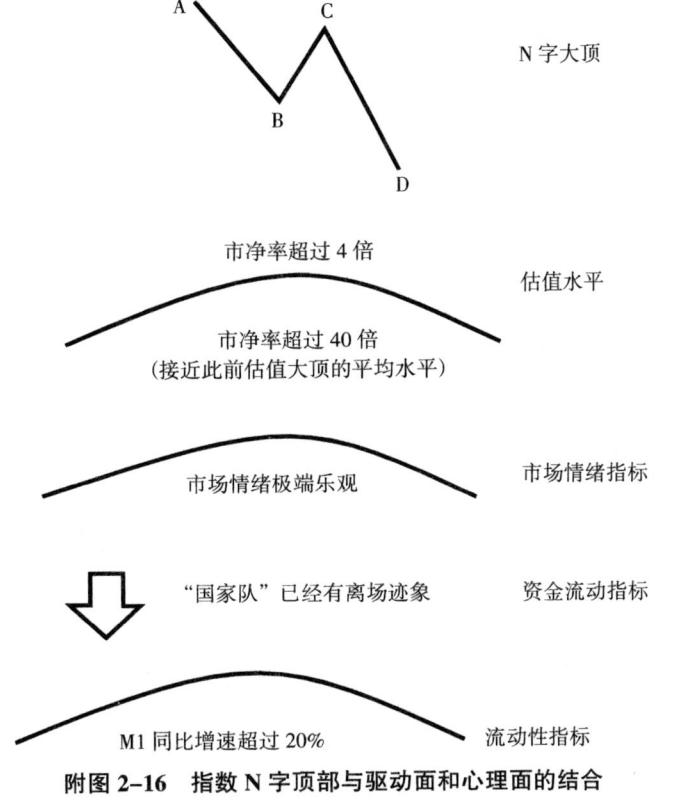

附图 2-16　指数 N 字顶部与驱动面和心理面的结合

介绍完了 N 字顶部和 N 字底部，我们接着简单介绍下 2B 顶部和 2B 底部。如果说 N 字顶部是右顶低于左顶的双顶，那么 2B 顶部就是右顶高于左顶的双顶（见附图 2-17）。当指数从 2 顶回落到 1 顶之下就基本确认了 2B 顶了，如果进一步跌破颈线，那么就进一步确认了 2B 顶了。2B 顶其实是典型的"多头陷阱"，股价在 2 顶处突破 1 顶的高点，虚晃一枪，这就是引诱突破而做的多头，也或者是由于突破后多头蜂拥入场但是后续乏力以至于破位失败。

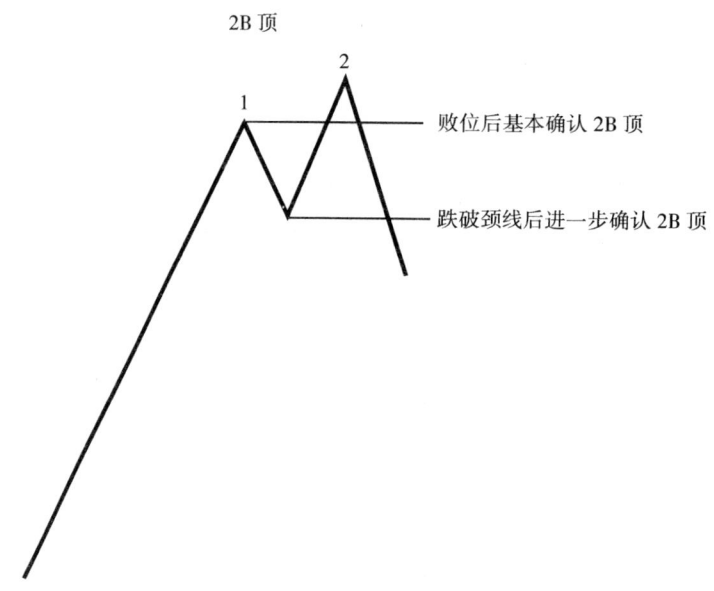

附图 2-17　2B 顶部

我们来看一些指数走势中的 2B 顶实例，附图 2-18 所示的上证指数走势中出现的 2B 顶部，在第二顶部附近出现了黄昏之星，这其实是 K 线形态对 2B 顶的某种确认。又比如附图 2-19 所示的上证指数另一例 2B 顶，这是一个小型的 2B 顶，而且第二顶以上影线的方式实现，表明上冲乏力。

2B 底部与 2B 顶部是镜像关系，明白了 2B 顶部你就差不多明白了 2B 底部。如果说 N 字底部是右底高于左底的双底，那么 2B 底部则是右底低于左底的双底（见附图 2-20）。2B 底是典型的"空头陷阱"，不过在 A

股市场上由于做空不便,所以追空的可能性很小,一般只是多头止损而已。2B 底部也分为初步确认和进一步确认两个步骤,这其实也就是进场及时性和可靠性的两种组合而已。

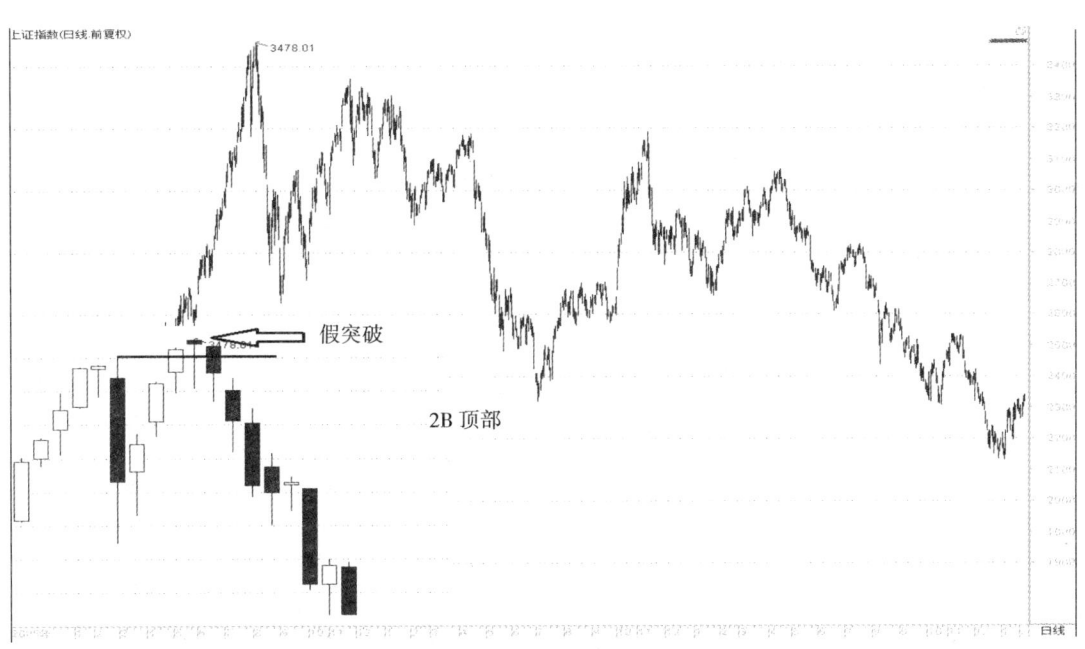

附图 2-18　上证指数走势中的 2B 顶部实例(1)

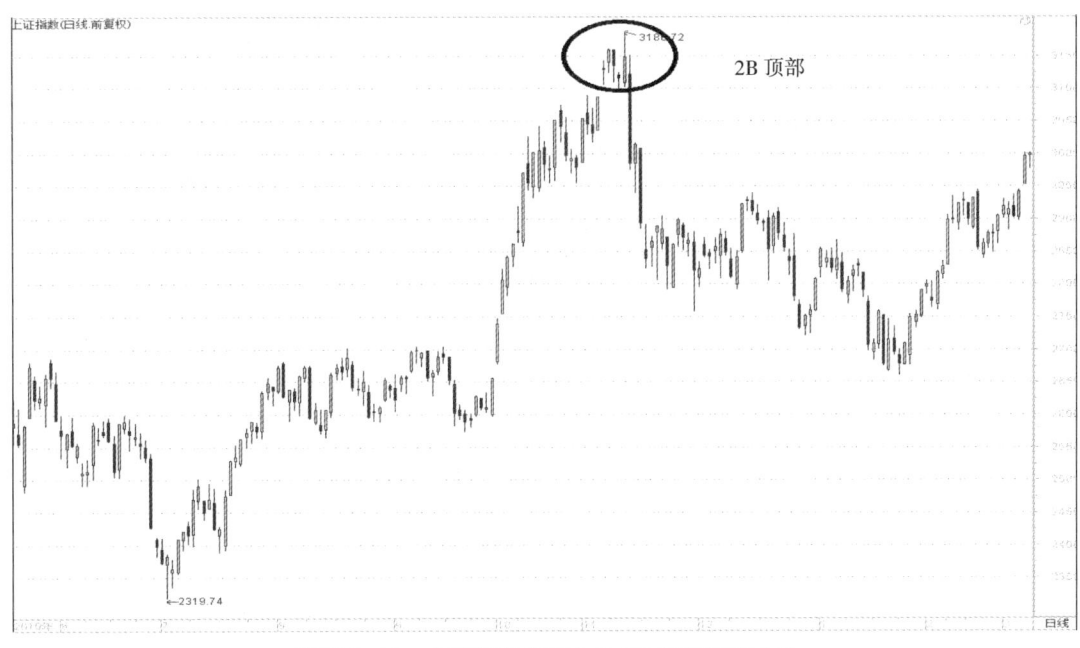

附图 2-19　上证指数走势中的 2B 顶部实例(2)

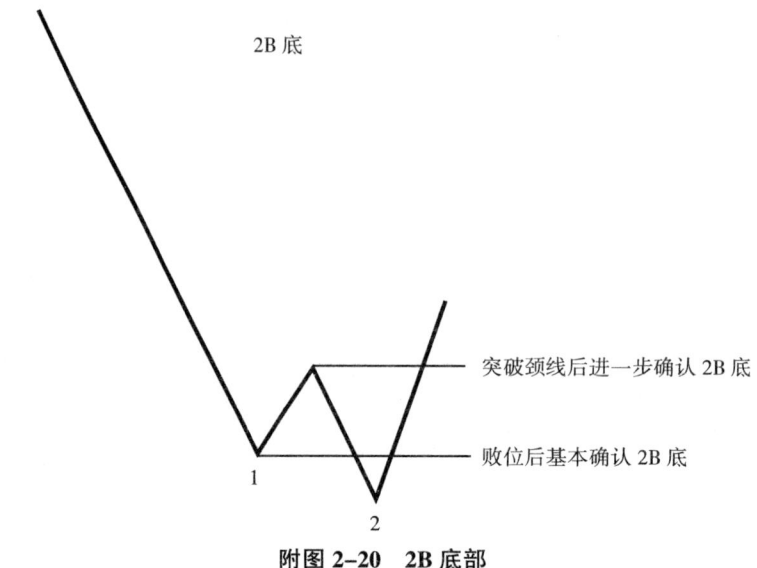

附图 2-20　2B 底部

我们来看一些 2B 底部的实例，第一个例子见附图 2-21。上证指数在向下假突破后其实是形成了一个 2B 底，不过这个 2B 底又包含了一个 N 字底部。这是一个复杂的底部形态，我们倾向于根据 N 字底部操作，只在特别情况下采纳 2B 底部，比如突发性基本面大逆转。第二例子见附图

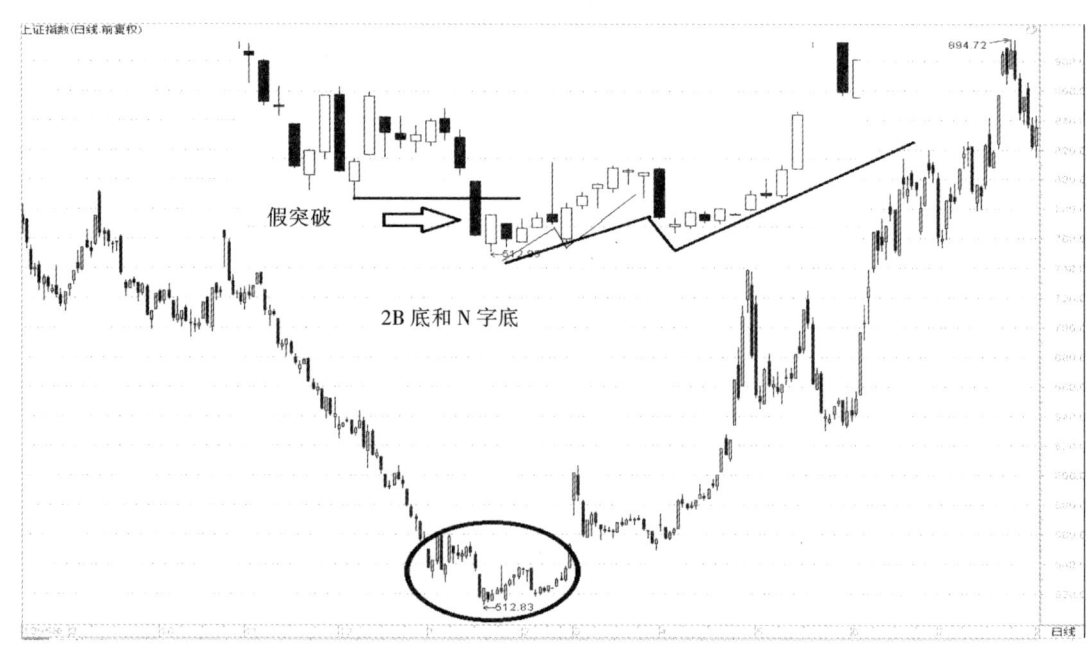

附图 2-21　上证指数走势中的 2B 底部实例

2-22，A 股指数出现了一个简单的 2B 底部，不过这个例子中其实包含了连续的 2B 底，只不过此前 2B 底没能反弹超过颈线。

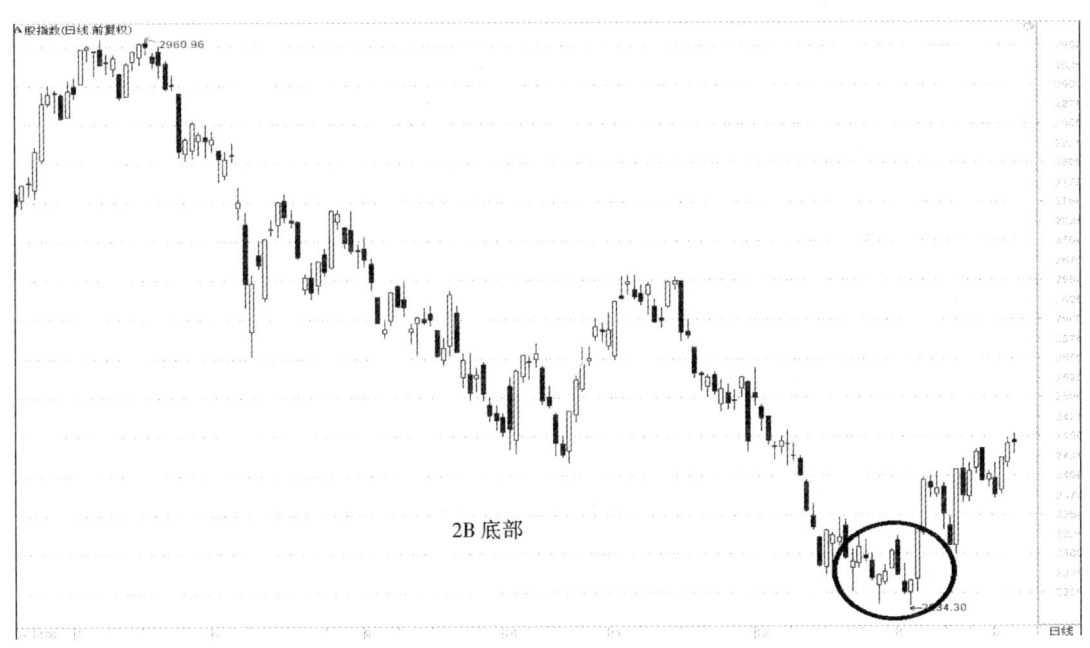

附图 2-22　A 股指数走势中的 2B 底部实例

有了 N 字底部或者 N 字顶部我们可以回过头来查看基本面和心理面是不是有重大变化，但是 2B 底部我们一般不这样用。我们一般是发现了基本面或者心理面有重大异常，才等待市场出现信号，要么是 N 字结构，要么是 2B 结构，所以 2B 结构的运用往往是确认信号。如附图 2-23 所示，我们是从下面开始"按图索骥"，而不是像此前 N 字结构那样自上而下。流动性指标见底了，我们等待 2B 底（但往往是以 N 字底部来确认）来确认；又或者是估值水平很低了，同时社保基金进场了，散户也极端悲观了，那么也等待 2B 底来确认。同样，2B 顶的"按图索骥"也是这个道理，如附图 2-24 所示，从下往上看。

N/2B 是我们对市场的基本认识，除此之外还有一种 N 字结构比较特殊，有必要提一下，我们称为：翅膀形态，翅膀底部比翅膀顶部出现更加频繁，所以我们一般忽略顶部的翅膀形态。底部翅膀形态分为三种，

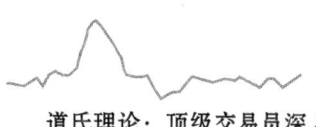

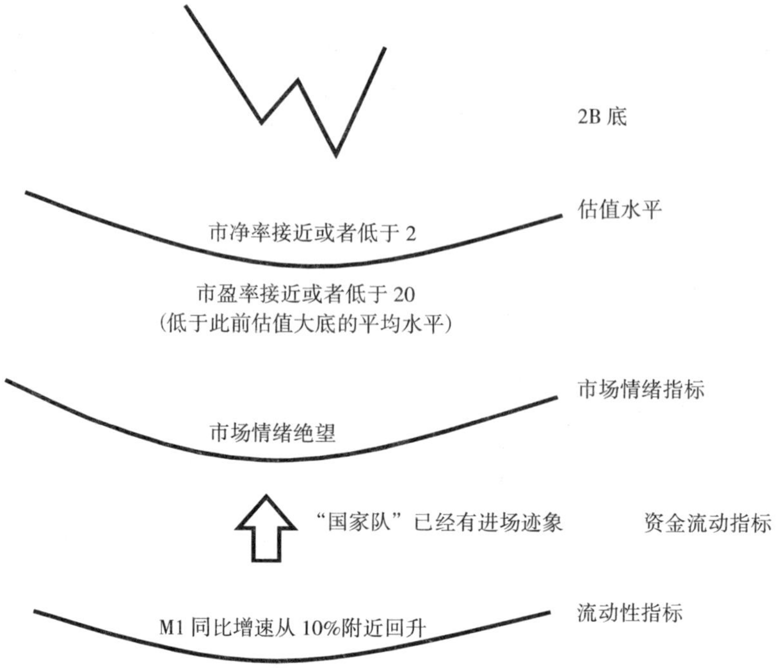

道氏理论：顶级交易员深入解读

```
        2B 底

        估值水平
市净率接近或者低于 2
市盈率接近或者低于 20
（低于此前估值大底的平均水平）

        市场情绪指标
市场情绪绝望

        资金流动指标
"国家队"已经有进场迹象

        流动性指标
M1 同比增速从 10%附近回升
```

附图 2-23　2B 底部与驱动面和心理面的结合

```
        2B 顶

        估值水平
市净率超过 4 倍
市净率超过 40 倍
（接近此前估值大顶的平均水平）

        市场情绪指标
市场情绪极端乐观

        资金流动指标
"国家队"已经有离场迹象

        流动性指标
M1 同比增速超过 20%
```

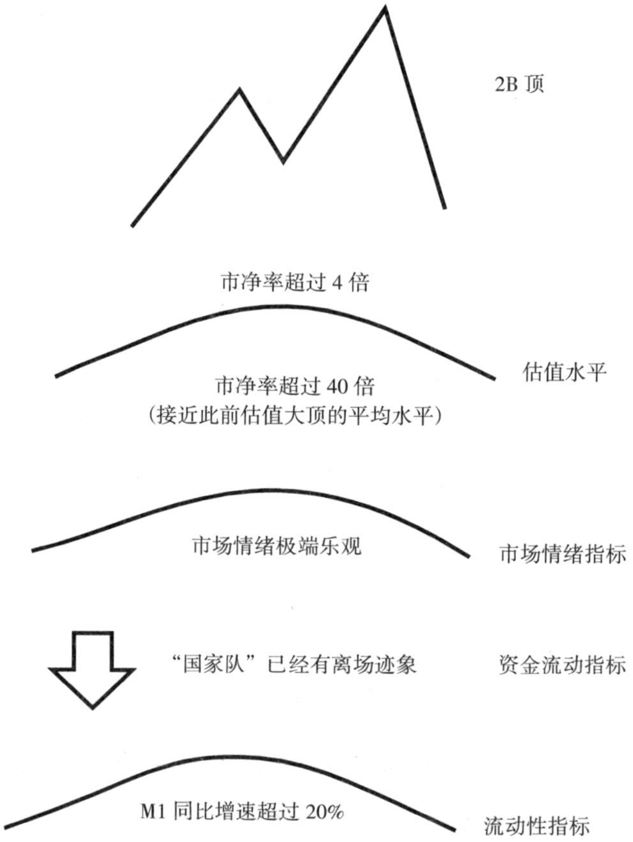

附图 2-24　2B 顶部与驱动面和心理面的结合

附录 2　指数 N/2B 法则：趋势开始的确认信号

如附图 2-25 所示，其实就是 2B 底部和 N 字底部的变种，这里提出来以免大家在今后的分析实践中感到迷惑。这种底部在期货（如附图 2-26 所示）、股指（如附图 2-27 所示）和个股（如附图 2-28 所示）上出现频率都不低，要关注。当然，本课主要是讲股指，所以大家注意股指在 AIMS 框架下如何运用 N/2B/翅膀三种形态即可。

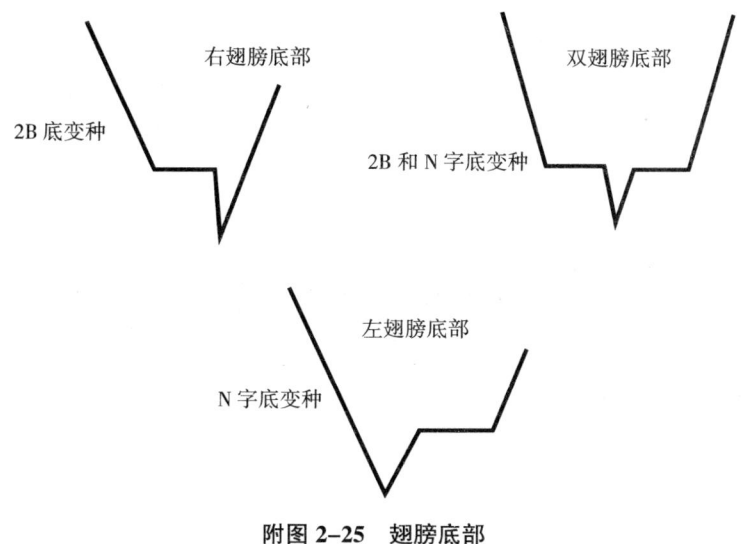

附图 2-25　翅膀底部

附图 2-26　沪胶合约上出现的翅膀形态底部

附图 2-27　上证指数上出现的翅膀形态底部

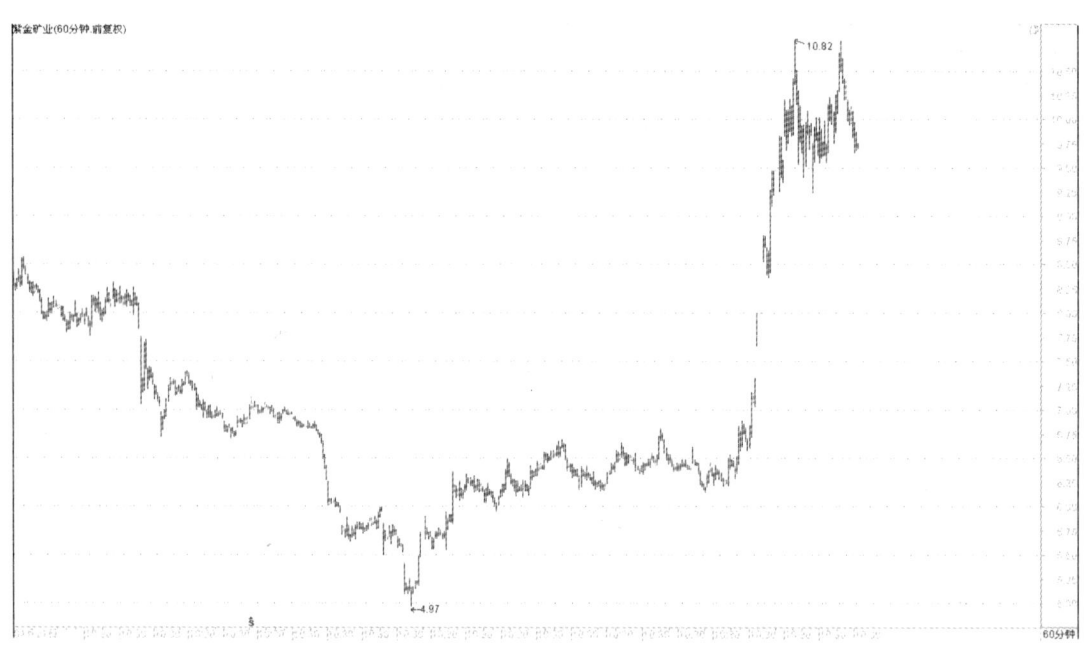

附图 2-28　紫金矿业走势上出现的翅膀形态底部

(本文节选自《股票短线交易的 24 堂精品课：驾驭市场的根本结构》)